Zur Person:

Im zarten Alter von 5 Jahren hatte Andreas Kosma praktisch schon alles erreicht was in seinem Leben eine tragende Rolle spielen sollte. Fast alles? Nun ja, sagen wir zumindest die grundlegende Voraussetzung war geschaffen. Mit 5 Jahren nämlich war es ihm gelungen seine Eltern dazu zu motivieren aus dem Rheinland in die Pfalz zu ziehen. Und vor allem sie weiterhin in dem Glauben zu lassen, dass es ihre Idee war.

Es folgte der übliche Weg ins Erwachsenwerden: Hoffnungsvolles Talent beim Völkerball in der Grundschule, Romanautor, Messdiener, Zinnsoldatengießer, Asterixleser, Beatles- später Queen- noch später Heavy Metal Fan, Abitur.

Die Kulinarik spielt eine große Rolle in seinem Leben und ist Schwerpunkt seines journalistischen Wirkens. Andreas Kosma hat einen Abschluss als Bachelor of Arts. Seit 1999 hält er Weinseminare, begleitet Start-ups in der Weinbranche, berät Webshops und schreibt für verschiedene Magazine.

Andreas Kosma

Sekt Guide

Nahe Pfalz Rheinhessen

Über 240 Sekte von 68 Produzenten

Inhaltsverzeichnis

Vorwort

Schaumwein war in Deutschland schon immer beliebt. Deshalb ist es verwunderlich, dass die deutschen Winzer erst in den 1980er Jahren in größerem Stil damit begannen ihren eigenen Sekt herzustellen. Inspiriert waren die meisten entweder vom Blick über die Grenze nach Frankreich und/oder ihrem Studium in Geisenheim. Dennoch stagnierte die neue Mode zugunsten der Geiz-ist-geil-Mentalität in den 90ern. Mit dem Generationswechsel in vielen Betrieben springen diese aber seit einigen Jahren wieder auf den Zug auf. Wer was auf sich hält, stellt seinem Riesling brut nun auch Sekte aus Burgundersorten zur Seite, mit langem Hefelager und bevorzugt bio. Nie gab es bei uns so viele und so hochwertige Schaumweine wie heute. Und wenn nun in unseren Köpfen auch noch ankommt, dass es unabhängig von Silvester genauso ploppen darf, ja dann wäre die Sektwelt eigentlich ganz in Ordnung.

Bis zum März 2020. Die Gastronomie war tot, der Fachhandel brach ein und die Winzer suchten händeringend nach neuen Vertriebsmöglichkeiten. Der Konsum verlagerte sich stark in den häuslichen Bereich, aber er fand statt. Ich schreibe diese Zeilen im darauffolgenden Herbst und stelle die Frage, ob es nicht gerade jetzt der richtige Zeitpunkt ist? Der richtige Zeitpunkt sich etwas zu gönnen und dabei die Branche zu unterstützen? Zuhause mit der Familie oder im Lokal? Die Einsatzmöglichkeiten von Sekt auch über das Begrüßungsglas hinaus kennenzulernen? Mit dem Nimbus des Elitären aufzuräumen? Ich denke ja, und das völlig frei von Ironie, Hohn oder geheucheltem Mitleid. Denn all das haben weder der rührige Weinhandel, noch unsere Lieblingsrestaurants, Lieblingswinzer und am allerwenigsten ihre hochklassigen Produkte verdient oder nötig. In diesem Sinne darf ich Sie nun einladen die hochspannende Schaumweinszene an der Nahe, in der Pfalz und in Rheinhessen zu ergründen.

Mit schäumenden Grüßen,

Andreas Kosma

Was ist Sekt?

Um diese Frage zu klären, muss man sich zunächst mit dem Phänomen auseinandersetzen wie die Bläschen überhaupt in den Wein gelangen. Dazu gibt es prinzipiell drei Möglichkeiten: Sie wurden zugesetzt, sie stammen aus der ersten oder einer zweiten Gärung des Weines. Das erste Verfahren ist selbsterklärend und es passiert eigentlich nichts anderes als das, was Sie zuhause bei der eigenen Herstellung von Sprudel mittels der CO_2 Patrone machen. Hierbei handelt es sich um Perlwein mit geringerem Kohlensäuredruck der deshalb auch günstiger versteuert wird.

Bei der Méthode Rurale (= ländlich) findet die erste Gärung in der Flasche statt. Dabei wird noch nicht vollständig vergorener Most in Flaschen gefüllt, wo er sich mit der Kohlensäure welche bei der weiteren Gärung entsteht anreichert.

Dagegen muss bereits vollständig vergorener Wein durch Hefezusatz eine zweite Gärung durchlaufen um zu sprudeln. Findet diese in einem Drucktank statt, spricht man vom Charmat-Verfahren. Das Hefedepot wird nach Abschluss über Filtration entfernt.

Genau hier liegt auch der Unterschied zwischen der Flaschengärung und der... Achtung: Klassischen Flaschengärung. Nach der zweiten Vergärung in der Flasche muss deren Inhalt vom Hefedepot befreit werden um einen klaren Schaumwein zu erhalten. Verlässt dieser nun die Flasche, wird umgepumpt, abfiltriert und in neue Flaschen gefüllt handelt es sich um das günstigere Transvasier-Verfahren. Verbleibt er in derselben Flasche, wird degorgiert und ggf. dosiert (s. Kapitel Rütteln und Degorgement) sind wir bei der längsten und aufwendigsten Herstellungsmethode, der klassischen Flaschengärung angekommen. Dieses Verfahren wurde in der Champagne perfektioniert und findet heute in allen führenden Schaumweingebieten Anwendung. Es liefert eine besonders feine und intensive Perlage. Stammen die Trauben aus einem einzelnen Weingut, darf das Produkt Winzersekt heißen.

Grundsätzlich handelt es sich in Deutschland ab einem Druck von 3 bar um Schaumwein, über 3,5 bar um Sekt (= Qualitässchaumwein). Ab da und bei mehr als 6 % vol Alkohol wird bei uns eine Schaumwein- bzw. Sektsteuer von 1,02 € erhoben.

Den Begriff Sekt soll im Übrigen der Schauspieler Ludwig Devrient 1825 geprägt haben. In seinem Stammlokal war seine Leidenschaft für moussierenden Wein offensichtlich bekannt. Angeblich brachte man ihm, nachdem er noch ganz in der Rolle des Falstaff von Shakespeare einen „sack"* orderte eine weitere Flasche deutschen Schaumweins. Die Bezeichnung Sekt war geboren.

*(ursprünglich eine Bezeichnung für Sherry)

Meeressand am Mainzer Becken

Buntsandstein in der Südpfalz

Rhyolith bei Bad Münster am Stein

Kratersee bei Forst

Die Böden

Ein Hauptbestandteil des gewichtigen Begriffs Terroir ist die Bodenart des jeweiligen Weinbergs. Und sicher prägt diese einen Wein deutlicher und nachvollziehbarer als einen Sekt. Dennoch entscheiden die führenden Schaumweinproduzenten bereits im Weinberg über ihre Sektgrundweine und nicht erst im Keller. Zumal die Geologie in den drei Anbaugebieten vielseitig, und ihre Geschichte bewegt ist.

Diese beginnt im Devon vor 400 Millionen Jahren mit der Bildung des Schiefers. Die Perm-Zeit ca. 100 Millionen Jahre danach war eine unruhige Epoche. Durch das Auseinanderbrechen Pangaeas gab es ausgeprägten Vulkanismus. Zeitgleich entstand- wieder deutlich friedlicher durch Ablagerung- das Rotliegend. Gleichfalls Sedimente sind die drei beherrschenden Gesteinsarten der nachfolgenden Trias von 250 – 200 Millionen Jahren vor unserer Zeit: Zuerst Buntsandstein, später Muschelkalk und schließlich Keuper. Interessanter und für das Landschaftsbild bis heute bestimmend war aber das Paläogen, der erste Abschnitt der Erdneuzeit. Sie startet vor 65 Millionen Jahren, also nach dem Aussterben der Dinosaurier. Die Ausrichtung der Kontinente entsprach schon weitgehend dem heutigen Bild. Allerdings entstand durch tektonische Absenkung der Oberrheingraben und somit eine Verbindung zwischen der Ur-Nordsee und der Paratethys im Bereich unseres heutigen Mittelmeeres. Das Mainzer Becken war also ein Meer und die Küste lag in der Nähe von Bad

Kreuznach. Nach dessen Rückzug füllten sich sowohl Graben als auch Becken mit Feinboden. Nach absteigender Korngröße sind dies Sand, Schluff und schließlich Ton. Kam der Sand angeflogen, nennt man ihn Löss, sind die drei Anteile vermischt, handelt es sich um Lehm. Kein anderes Anbaugebiet vereint dermaßen viele Bodenarten auf so engem Raum wie die Nahe. Die kleinste der drei Regionen reicht auch in drei unterschiedliche Naturräume: Im Norden ist es das Oberrheintiefland, im Nordosten geht es in den Hunsrückausläufer Soonwald über und der Süden gehört zum Saar-Nahe-Bergland. Dabei liegt ein Großteil der Weinberge überhaupt nicht direkt an der Nahe, sondern an ihren Nebenflüssen Glan, Alsenz, Guldenbach und Gräfenbach. Und jedes dieser Stromgebiete bringt sein anderes Stück der Erdgeschichte mit. Devon im Norden, Rotliegend im Osten und Süden, schließlich angeschwemmte oder angewehte Böden am Hauptfluss bis zur Mündung bei Bingen. Die Faustregel an der Nahe: Enorm facettenreich, aber stets von alt nach jung analog der Flussrichtung(en).

Das Anbaugebiet Pfalz liegt am westlichen Rand des Oberrheingrabens. Diese bis zu 40 km breite Senke reicht von Basel im Süden bis in den Frankfurter Raum. An ihren Seiten bauen sich mit dem Schwarzwald, den Vogesen, dem Odenwald und natürlich auch dem Haardtrand Gebirge auf, welche die Rheinebene häufig um mehr als 1000 m überragen. Durch diesen Versatz gelangten nun die weitaus älteren Gesteinsschichten wie Kalk und Buntsandstein wieder an die Oberfläche. Auch der vulkanische Basalt spielt eine kleine aber interessante Rolle. Die Kraterseen oberhalb von Forst zeugen von dieser Vergangenheit. Dass der Oberrheingraben heute aber nicht dem Grand Canyon ähnelt haben wir der Erosion zu verdanken. Wind und Wetter trugen die Seitenränder ab und transportierten das Material stetig in die Ebene. Insofern wurde die Senke sukzessive mit Sedimenten aufgefüllt. Für den bodenaffinen Weinfreund ergibt sich für die Pfalz demnach folgende Faustregel: Je weiter sich die Reben in die Ebene wagen, umso größer ist der Feinbodenanteil auf dem sie stehen.

Rheinhessen erstreckt sich im Süden und Westen des Mainzer Beckens. Es ist die nördliche Fortsetzung des Oberrheingrabens, welches sich aber weniger stark abgesenkt hat. Umrahmt und vor Wetterunbilden geschützt wird es durch das Nordpfälzer Bergland, den Hunsrück, Taunus und Odenwald. Sein Relief ist geprägt durch hügelige Erhebungen aus härterem Kalkstein, der weichere Mergel wurde ausgewaschen. Eine Ausnahme bietet der Rote Hang in Nierstein, der vom Gestein aus dem Rotliegend geprägt ist. Im äußersten Westen, wo die Region an das Anbaugebiet Nahe grenzt, stößt man bereits auf vulkanische Böden. Insgesamt aber ist die Faustregel in Rheinhessen fast noch einfacher: Um Löss kommt man im Mainzer Becken einfach nicht herum.

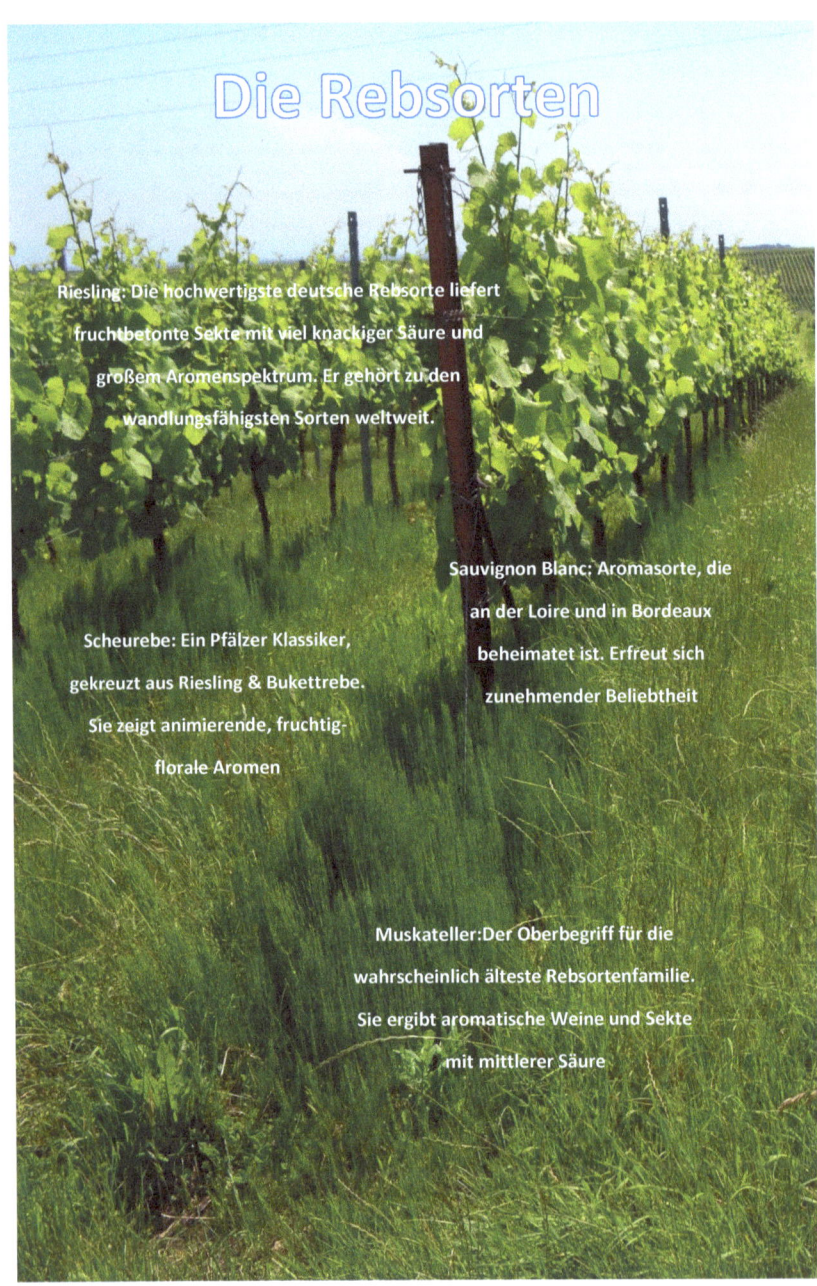

Die Rebsorten

Riesling: Die hochwertigste deutsche Rebsorte liefert fruchtbetonte Sekte mit viel knackiger Säure und großem Aromenspektrum. Er gehört zu den wandlungsfähigsten Sorten weltweit.

Sauvignon Blanc: Aromasorte, die an der Loire und in Bordeaux beheimatet ist. Erfreut sich zunehmender Beliebtheit

Scheurebe: Ein Pfälzer Klassiker, gekreuzt aus Riesling & Bukettrebe. Sie zeigt animierende, fruchtig-florale Aromen

Muskateller:Der Oberbegriff für die wahrscheinlich älteste Rebsortenfamilie. Sie ergibt aromatische Weine und Sekte mit mittlerer Säure

Spätburgunder/ Pinot Noir: Die Mutter der Pinot-Familie stammt aus dem Burgund und steht für würzig elegante Rotweine. Als Sekt weiß gekeltert ist sie besonders filigran und komplex

Chardonnay: Die Weißwein-Traube aus dem Burgund ist eine Kreuzung aus Pinot Noir & Gouais Blanc. Im Sekt sorgt sie für Kraft plus Säure und kann fantastisch reifen

Weißburgunder: Ist eine komplett-helle Mutation des Pinot Noir. Sie wird reinsortig oder in der Cuvée mit Chardonnay verwendet und ergibt cremig-frische Sekte

Schwarzriesling / Pinot Meunier: Mit Pinot Noir und Chardonnay die dritte klassische Rebsorte in der Champagne. Sie bringt Frucht und Balance

Grauburgunder: Die Mutation des Spätburgunders hat roséfarbene Beerenschalen. Die Weine sind oft besonders kraftvoll, im Sekt sorgt er ebenfalls für Opulenz und Schmelz

Der Grundwein

Hauptvoraussetzung für die Vielfalt der Schaumweine ist die Verschiedenartigkeit ihrer Grundweine. Bereits in diesem Stadium steht fest, welche Karriere der fertige Sekt einmal einschlagen wird. Deshalb stehen die Kellermeister schon beim Ausbau der „Vins clairs", wie sie in Frankreich heißen vor einer ganzen Reihe von Wegkreuzungen...quo vadis?

Allen gemeinsam ist der rigoros schonende Umgang mit dem Lesegut. Für die meisten Winzer ist selektive Handlese, schonender Transport in kleinen Kisten und Ganztraubenpressung bei geringem Pressdruck eine Selbstverständlichkeit. All diese Maßnahmen dienen der Minimierung von Verletzungen der Beerenschalen. Vor allem hier befinden sich die Phenole, eine riesige Stoffgruppe zu welcher auch die Farbstoffe (Anthocyane) und Gerbstoffe (Tannine) gehören. Die einen würden weißen Most verfärben, die anderen ihn bitter oder aggressiv schmecken lassen. Was beispielsweise gerade bei Rotwein erwünscht ist, sollte beim Keltern von (weißem) Sektgrundwein tunlichst vermieden werden.

Einzellage oder Lagencuvée

Wie beim Qualitätswein gilt natürlich auch beim Schaumwein die Regel: Je genauer die Herkunftsbezeichnung, umso individueller der Lagencharakter. Man kann insofern davon ausgehen, dass ein Sekt mit genauer Nennung der Einzellage eben ihren typischen Charakter spiegeln soll. Inwiefern aber ein außergewöhnlich langer Ausbau auf der Hefe dieser Prägung zuträglich ist, darüber lässt sich trefflich diskutieren. Zudem kann die Vermählung sehr unterschiedlicher Herkünfte in einer Cuvée durchaus auch bereichernd für die Komplexität sein.

Reinsortig oder Verschnitt

Schöner klingt natürlich Monocépage oder Cuvée. Ganz ähnlich wie bei dem obigen Entscheidungsprozess gilt es auch hier- und das ebenfalls ohne Wertung- zu überlegen auf welcher Eigenschaft der Fokus liegen soll. Ein Sekt aus einer einzelnen Rebsorte rückt deren Typizität in den Vordergrund. Er zeigt ihre charakteristische Aromatik auf und spielt ihre Stärken aus. Beim Riesling sind das häufig die Komponenten Frucht plus Säure. In der Cuvée ergänzen sich die einzelnen Vorzüge. Hier kann beispielsweise die verspielte Komplexität eines Pinot Noir einem druckvollen Chardonnay eine wunderbare Lebendigkeit verleihen. Dabei tritt der einzelne Sortencharakter in den Hintergrund.

Lesezeitpunkt

Nicht alles, was früh gelesen wird ist dünn und sauer. Und nicht alles, was physiologisch reif ist ergibt plumpe, langweilige Sekte. Hier liegt der Königsweg in der Mitte. Natürlich legt der Grundwein während der zweiten Gärung nochmals etwa 1,5 % vol an Alkohol zu, was ihm mehr Fülle verleiht. Diese Tatsache muss der Winzer vor der Versektung auf dem Schirm haben. Deshalb handelt es sich hierbei in der Regel um schlanke, säurebetonte Weine, die durchaus ein paar Tage früher gelesen wurden. Wie schlank tatsächlich hängt von dem gewünschten Resultat ab. Aber niemand wird wohl ernsthaft einen Grauburgunder mit bereits 14 % vol zu einem Sekt weiterverarbeiten.

Malolaktische Gärung

Je nach Stil durchlaufen viele Weine die „Malo". Dabei handelt es sich um die Umwandlung der zupackenden Äpfelsäure in die mildere Milchsäure. Dieser Vorgang wird auch biologischer Säureabbau (BSA) genannt, weil er von Milchsäurebakterien durchgeführt wird. Bei Rotweinen findet er in aller Regel, bei den weißen Burgundersorten häufig statt. Für Rieslinge ist er eher selten, weil hier die belebende Säure durchaus erwünscht ist. Ein fertiger Sekt, dessen Grundwein keine Malo durchlaufen hat, wirkt zumeist frischer und fruchtbetonter. Ein Schaumwein mit BSA kommt weniger rassig daher, schmeckt aber komplex und gereift oft interessanter.

Holz oder nicht Holz

Und wenn, was für ein Holz? „Großes Gebrauchtes oder kleines Neues" um im Fachjargon zu bleiben. Aber fangen wir doch einfach mal ganz ohne an. Fortgeschrittene Weintrinker kennen bereits den Unterschied zwischen den auf Primärfrucht getrimmten, zumeist im Edelstahl ausgebauten Vertretern und den Barriqueweinen mit ihrer typischen Röstaromatik. Alles zu seiner Zeit. Und dazwischen gibt es natürlich jede Menge weiterer Abstufungen. Grob gilt: Je größer und älter das Fass, umso weniger macht sich die Holznote bemerkbar. Trotzdem findet auch hier eine Oxidation, also weitere Reifung statt, die dem Wein eine zusätzliche Dimension verleiht. Beim späteren Sekt ist das nicht anders. Es kann also entweder die frische Fruchtigkeit oder eben ein Tick Würze erwünscht sein.

Komposition der Cuvée

Lagerung in Gitterboxen

Kontrolle des Gärverlaufs

Lagerung "sur lattes"

Abgesetzte Hefe

Zweite Gärung und Hefelager

Egal ob erste oder zweite Gärung: Hefen verstoffwechseln Zucker zu Alkohol und es entsteht Kohlendioxid. Da es nicht entweichen kann, verbindet es sich mit der Flüssigkeit zu Kohlensäure. Dabei spielen sowohl der Druck als auch die Temperatur gewichtige Rollen.

Und diese zweite Gärung in der Verkaufsflasche ist es, die das Herstellungsverfahren als „klassische" Methode definiert. Dazu braucht es im Wesentlichen drei Dinge: Hefe, Zucker und bruchsichere Flaschen. 12-14 bar halten heutige Sektflaschen aus, gut 6 bar werden während des Herstellungsprozesses erreicht. Damit sind auch die Fragen nach den dicken Flaschenwänden und dem nach innen gewölbten Böden hinreichend beantwortet. Aus Sicherheitsgründen dürfen sie auch kein zweites Mal benutzt werden, außer als Trophäen auf dem Bücherregal oder Kerzenständer.

Um diesen enormen Druck zunächst aber erst einmal aufzubauen brauchen die Hefen Futter in Form von Saccharose. Der durchgegorene Grundwein wird also mit Fülldosage, dem Liqueur de tirage versetzt. Dieser besteht natürlich aus den Hefen, etwa 20- 24 g Zucker für den gewünschten Druck und zumeist einer sogenannten Rüttelhilfe. Häufig handelt es sich hierbei um Bentonit, welches bewirkt, dass sich das Depot später besser von der Flaschenwand löst.

Nachdem nun die Flaschen, pardon, Gärbehältnisse mit Kronkorken verschlossen wurden geht es zur Lagerung erneut in den Keller. Dabei fackeln die Hefen nicht lange, sondern beginnen sofort mit ihrem Stoffwechsel. Bereits nach drei bis vier Wochen sind die 6 bar erreicht und ab da heißt es warten. Insgesamt mindestens 9 Monate Lagerzeit sind verpflichtend für einen Winzersekt, 15 Monate sind es bei Champagner. Bei beiden Produkten ruhen die Spitzenqualitäten um ein Vielfaches länger. Ein Vorstoß in diese Richtung ist das VDP.SEKT.STATUT vom Sommer 2018. Hierbei haben die Mitgliedsbetriebe eine Mindestlagerzeit von 15 Monaten für die sogenannten Guts- und Ortssekte, sowie 36 Monate für Lagensekte beschlossen.

Während dieser Zeit ruhen die Flaschen zumeist in Gitterboxen bzw. früher akkurat geschichtet und teilweise mit dünnen Holzleisten justiert. Davon kommt der französische Ausdruck „sur lattes". Durch die längere Lagerzeit verbindet sich die Kohlensäure besser mit der Flüssigkeit und es entsteht eine feinere Perlage. Nachdem die Hefen den gesamten zur Verfügung stehenden Zucker verstoffwechselt haben sterben sie ab und werden enzymatisch aufgelöst. Dieser Prozess nennt sich auch Autolyse und sorgt im Sekt für die typischen Noten nach Buttergebäck bzw. Brioche. Echte Alterungsvorgänge sind während des Hefelagers übrigens zu vernachlässigen. Kronkorken und die Hefen selbst wirken der Oxidation entgegen.

Orientierung beim Rütteln

Gyropaletten

Position vor dem Eisbad

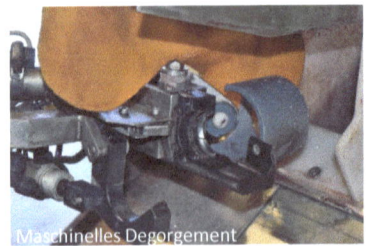

Maschinelles Degorgement

Einsatz des Degorgierhakens

Rütteln und Degorgement

Nach der monate- oft sogar jahrelangen Auszeit in Seitenlage haben sich die abgestorbenen Hefezellen an den Unterseiten der Flaschen abgelagert. Der Begriff Depot erklärt die diffuse Konsistenz, welche bis auf die Farbe an den Bodensatz in einer Teekanne erinnert. Ein in dieser Form getrübter Schaumwein ließ sich natürlich nicht gut verkaufen, deshalb musste ein Weg gefunden werden das Hefedepot in Gänze zu entfernen.

Zeitweise wurden dazu die Flaschen kopfüber in den Sand gesteckt, was den Trub zunächst in Richtung Flaschenhals absinken ließ. Für die Abkehr von diesem mühseligen Verfahren sorgte zu Beginn des 19. Jahrhunderts offensichtlich die Witwe Clicquot-Ponsardin. Angeblich durchlöcherte sie gemeinsam mit ihrem Kellermeister den Küchentisch und erfand damit das Rüttelpult. Heute lehnen die Bretter mit den trichterförmigen Aussparungen häufig auch im Eingangsbereich zahlloser Lieblingsitaliener.

Gleichfalls sind sehr viele von ihnen aber auch noch im praktischen Gebrauch. Dabei macht der „Rüttler" oder auch „Remueur" gleich drei Dinge auf einmal: Mit einem Ruck löst er das Depot von der Innenwand, dreht dabei die Flasche um ein paar Grad und richtet sie zudem etwas steiler auf. Beidhändig schafft so ein geübter Spezialist gut 8 000 Flaschen pro Stunde. Dennoch dauert es auf diese Art etwa vier Wochen, bis – bei täglichem Rütteln – der Trub am Kronkorken im Flaschenkopf angekommen ist. Seit den 1970er Jahren wird der Job zumeist maschinell ausgeführt. Binnen weniger Tage stellen die sogenannten Gyropaletten Körbe mit 504 Flaschen auf den Kopf. Romantik war früher.

Für das darauffolgende Degorgement gibt es kein deutschsprachiges Äquivalent und Sie wollen die wörtliche Übersetzung auch nicht wirklich wissen. In den allermeisten Fällen wird es „kalt" und maschinell ausgeführt. Dazu werden die Flaschenköpfe einige Minuten in einem Kältebad eingefroren um das Depot zu binden. Danach können die Flaschen gefahrlos aufgerichtet werden, eine Klinge schlägt den Kronkorken ab und der gefrorene, kompakte Hefepfropf schießt durch den Überdruck hinaus.

Es erfordert lange Übung und absolute Perfektion diesen Vorgang manuell durchzuführen. Mit einem Degorgierhaken wird die Flasche mit der einen Hand geöffnet während sie mit dem Daumen der anderen sofort nach dem Austritt der Hefe abgedichtet werden muss. Wenige Künstler beherrschen diesen Akt auch ohne das vorherige Eisbad. Insofern kommt es bei diesem „warmen" Degorgement auf extremes Fingerspitzengefühl und perfektes Timing an.

Dosagefüllung

Vorbereitete Agrafen zum Verschluß

Etikettierung

Manuelle Fixierung der Kapsel

Maschinelle Packstraße

Die Dosage

Sie besteht aus Süßreserve, Wein oder selten sogar Weinbrand mit Zucker und war häufig ein streng gehütetes Geheimnis: Die Versanddosage oder auch Liqueur d'expedition.

Nach Entfernung der Hefe ist der Sekt absolut trocken. Zudem ist ein Teil des Flascheninhalts verloren gegangen. Die Dosage löst diese Situation. Zum einen dient sie der geschmacklichen Abrundung des Schaumweins, zum anderen gleicht sie verloren gegangenes Volumen aus. Wird der Füllstand mit dem gleichen Produkt aus einer anderen Flasche angehoben sprechen wir von der Geschmacksrichtung pas dosé, zéro dosage oder brut nature. Kommt die Dosage zum Einsatz, so entstehen aufsteigend nach dem Restzuckergehalt folgende Geschmacksangaben:

Brut nature, naturherb	> 3 g/l
Extra brut, extra herb	0 – 6 g/l
Brut, herb	> 12 g/l
Extra dry, extra trocken	12 – 17 g/l
Dry, trocken, sec	17 – 32 g/l
Demi-sec, medium dry, halbtrocken	32 – 50 g/l
Sweet, doux, mild	< 50 g/l

Grundsätzlich wird eine Toleranz von 3 g/l eingeräumt. Der Gesamtalkohol darf durch die Dosage um nicht mehr als 0,5 % erhöht werden.

Danach wird die Flasche mit dem typischen pilzförmigen Korken verschlossen. Dieser wird mittels eines Drahtkörbchens, der Agraffe, fixiert. Dazwischen befindet sich ein Metalldeckel, der in Frankreich Capsule genannt wird. Eine anschließende vorsichtige Kippung dient der Durchmischung des Ganzen, fertig ist der Sekt.

Wussten Sie übrigens, dass die Folienkapsel um den Flaschenhals in früheren Zeiten dazu diente die unterschiedlichen Füllstände zu kaschieren? Das ist bei der heutigen maschinellen Fertigung natürlich nicht mehr notwendig. Aufgrund des hohen Drucks verbleibt aber zur Sicherheit dennoch eine größere Menge Luft im Flaschenhals als es bei Stillweinen der Fall ist.

Klassische Schaumweinstile

Sekte aus einer Rebsorte

Genau wie beim Deutschen Qualitätswein, so müssen auch Sekte zu mindestens 85% aus der auf dem Etikett genannten Sorte bestehen. Dieser Typus stellt den individuellen Charakter einer bestimmten Rebsorte in den Vordergrund.

Jahrgangssekte

Hier sind es paradoxerweise oft die „kleineren" Jahrgänge mit schlankeren Weinen die einen besonders komplexen und interessanten Sekt ergeben.

Blanc de Blancs

Weißer Schaumwein ausschließlich aus weißen Trauben. Diese zugegebenermaßen etwas verwirrende Bezeichnung stammt aus der Champagne. Dort handelt es sich zumeist um einen reinsortigen Chardonnay. Vom Stil her steht Blanc de Blancs für kraftvolle, mineralische Schaumweine mit reichlich Säure. Holzausbau ist häufig, aber nicht unbedingt notwendig.

Blanc de Noirs

Weiß gekelterter Schaumwein aus dunklen Trauben ist ebenfalls eine Stilbezeichnung aus der Champagne. Sie entstehen wenn die unversehrten Rotweintrauben schonend gepresst werden und der Most keinen weiteren Kontakt zu den Schalen hatte. Blancs de Noirs zeichnen sich durch ihre nunaciert fruchtige Art und enorm hohe Komplexität aus.

Rosé

Nach einer gewissen Kontaktzeit gehen die Farbstoffe aus den Beerenschalen in den Most über. Ist die gewünschte Farbtönung erreicht, müssen die beiden Bestandteile getrennt werden. Rosé-Sekte bestechen durch ihre primären Fruchtaromen, die häufig an Beeren erinnern. Es gibt aber auch charaktervolle Gewächse mit Holzausbau und langem Hefelager.

Winzersekt genießen

Trinkreife

Eigentlich kommen Schaumweine im besten Alter auf den Markt. Denn eigentlich entscheiden die Winzerinnen und Winzer in welcher Form sie ihre Sekte auf die Kunden loslassen. Das gesetzliche Mindestalter liegt bei 9 Monaten. Diese recht leicht zu merkende Zeitspanne liefert jugendlich-fruchtbetonte Sprudler. In den meisten Fällen wird diese Frist aber deutlich überschritten, nicht selten um mehrere Jahre. Das Ergebnis sind Prestigesekte mit einem völlig anderen Aromenspektrum und natürlich Anspruch. Wem Sie den Vorzug geben hängt neben dem Geldbeutel selbstverständlich auch von den persönlichen Vorlieben, der Kennerschaft und dem Anlass ab. Anhänger reiferer Geschmackseindrücke lagern die Schaumweine nach dem Degorgement zuhause auch ganz bewusst. Allerdings sind diese dann nicht mehr so hermetisch verschlossen und es fehlt vor allem die Konservierung durch die Hefen. Fruchtige Noten beginnen in den Hintergrund zu treten, der Kohlensäuredruck lässt (langsam!) nach- der Inhalt reift. Manche Liebhaber karaffieren einen als zu ungestüm empfundenen Sekt sogar. Es ist also wie bei Käse, Autos oder Menschen- persönliche Geschmackssache!

(Sekt)Gläser

Ähnlich wie ein geeignetes Weinglas sollte auch ein Sektglas folgende Eigenschaften haben: Einen guten Stand, einen Stiel, davon eine stabile Verbindung zur bauchigen Kuppa die sich nach oben hin verjüngt und eine geringe Wandstärke. Über das Ausmaß dieser Attribute entscheidet wie so oft in diesem Kapitel der Geschmack bzw. Anlass. Sehr schön wirkt eine angeraute Stelle in der Kelchmitte. Am sogenannten Moussierpunkt sammeln sich die Bläschen und steigen wie an einer Perlenkette zur Oberfläche. Generell ist für einfachere, fruchtigere Schaumweine auch ein etwas schlankeres Glas zu empfehlen. Entwickelte und komplexe Vertreter kommen oft sogar in einem voluminösen Weinglas besser zur Geltung. Ich empfehle Ihnen an der Stelle einmal Folgendes: Tragen Sie alle unterschiedlichen Gläser zusammen die Sie in Ihrer Vitrine auftreiben können. Verkosten Sie daraus dann Ihren aktuellen Lieblingsschäumer. Sie werden über die Unterschiede in der Wahrnehmung erstaunt sein. Bitte vermeiden Sie aber Extreme. Reagenzgläschen für einen jungen Riesling sind ebenso ungünstig wie kindskopfgroße Burgundergläser für einen Chardonnay 1984, den Sie auf dem Wohnzimmerschrank der Großeltern gefunden haben.

Trinktemperatur

Je kälter der Glasinhalt ist, umso frischer und belebender wird er empfunden. Bei ein paar Grad mehr entfalten sich die Aromen komplexer und intensiver. Als grobe Orientierung gilt:

4-6°C	Restsüße Schaumweine und Bankettqualitäten
6-8°C	Einfachere, fruchtbetonte Sekte, z. B. frischer Riesling oder Rosé brut
8-10°C	Gehobene Qualitäten mit längerem Hefelager
10-12°C	Besonders komplexe oder gereifte Spezialitäten

Anlass

Die Marktzahlen beweisen es jedes Jahr aufs Neue: Der meiste Sekt wird bei uns, wie bereits eingangs erwähnt, kurz vor den Feiertagen zum Jahresende gekauft und wahrscheinlich auch getrunken. Und über das Jahr verteilt sind es Hochzeiten, Sektempfänge oder Rendezvous, die den Absatz ankurbeln. Für all diese Gelegenheiten bieten die deutschen Winzer hervorragende Schaumweine an. Aber wie sieht es mit der Speisenbegleitung aus? Anders als beispielsweise in Frankreich, hat sich hier die Idee, dass Sekt auch ein ganzes Menü begleiten kann noch nicht in vollem Maße durchgesetzt. Deshalb möchte ich es auf keinen Fall versäumen, Ihnen die eine oder andere Kombination schmackhaft zu machen:

Kalte Vorspeisen

Gemüse benötigt oft etwas „neutralere" Begleitungen wie sanften Weißburgunder oder Silvaner. Zu Fisch passt Riesling, gerne mit etwas längerem Hefelager oder ein frischer Blanc de Blancs. Ein Blanc de Noirs oder Rosé schmeckt hervorragend zu Terrinen und Fleischpasteten.

Fisch und Meeresfrüchte

Je nach Zubereitungsart (gedämpft – gegrillt) und Beilagen kann die ganze Palette der Schaumweine gespielt werden. Riesling und Süßwasserfisch geben oft ein schönes Paar ab. Zu gehaltvollem Lachs oder Garnelen dürfen weiße Burgundersorten mit einem Tick Holz ran.

Fleisch

Auch hier lässt die Art und die Zubereitung viele Kombinationsmöglichkeiten zu. In der Regel empfehlen sich zupackende Rosés zu Kurzgebratenem und gereifte Pinots oder Rosé mit Holzausbau zu geschmortem Fleisch. Geflügel und Weißburgunder mögen sich.

Käse und Dessert

Vor allem Weichkäse und Schaumwein ziehen sich an. Probieren Sie unbedingt Riesling zu Ziegenkäse. Süße Desserts sind etwas kniffliger aber mit der Liebeshochzeit aus (süßem) Muskateller und (Erd-)Beeren ist der Genuss vorprogrammiert.

Was schäumt an der Nahe?

Der Startschuss für moderne, ambitionierte Sektherstellung fiel an der Nahe womöglich etwas leiser aus als in den beiden anderen Anbaugebieten. Grund hierfür ist sicherlich das Alleinstellungsmerkmal: die geologische Vielfalt. Ihre unterschiedlichsten Bodenarten verlangen geradezu nach der Erzeugung charaktervoller Lagenweine. Und das spielt vor allem König Riesling in die Karten. Hinzu kommt, dass aufgrund ihrer geographischen Lage der Anteil an fruchtsüßen Prädikatsweinen großes Potential hat und etwa doppelt so hoch liegt als in der Pfalz und Rheinhessen. Ein Kapital, das die Nahewinzer in der Form natürlich nutzen, wer möge es ihnen verdenken?

Dennoch sind es Betriebe wie die SM SektManufaktur von Matthias Schreml und Kai Maschtschenko, die sich als erstes reines Sekthaus und mit einem stimmigen Konzept hier etablieren. Oder Winzer wie Heiko Bamberger, der mit seinem seit Jahren soliden und umfangreichen Schaumweinsortiment noch mehr anderen Gütern Mut machen sollte. Der ansonsten makellose VDP kommt- was den Sekt betrifft- seiner Vorbildfunktion an der Nahe noch etwas zögerlich nach. Zwar sind die Qualitäten zum Teil superb, aber Verfügbarkeit, Stellenwert auf der Weinkarte und somit Präsenz dürften in manchem Betrieb noch verbessert werden. Dies gilt ausdrücklich nicht für Caroline Diel, die mit ihrer grandiosen Kollektion Maßstäbe setzt. Ihre beiden genialen Rieslinge als auch die großartige Cuvée MO stehen zurzeit unangefochten an der Gebietsspitze und spielen auch national auf den vorderen Tabellenplätzen.

Was schäumt in der Pfalz?

Wollte man die Sektszene mit Begriffen aus der Meteorologie beschreiben, so könnte man in der Pfalz von einem stabilen Hoch sprechen. Gegenüber dem Vorjahr hat sich wenig Neues getan, aber das Niveau und der Stellenwert sind eben seit Längerem recht sonnig. Fitz-Ritter ist sicherlich DER Traditionsbetrieb in der Pfalz. Die Nähe zum Elsass inspirierte zahlreiche Winzer aber darüber hinaus bereits seit den 1980er Jahren zu Schaumweinen nach französischem Vorbild. Neben dem Wilhelmshof als Pionier waren es häufig die VDP-Güter in denen stets ein, zwei, seltener drei oder mehr gute Sekte dauerhaft auf der Karte standen. Glücklicherweise sind in den letzten zehn Jahren die Sortimente ausgeweitet worden. Zum Riesling gesellten sich zunehmend Vertreter aus Burgundersorten in Weiß und Rosé. Dennoch spielt dieser in der Pfalz noch immer eine äußerst gewichtige Rolle. Allen voran Frank John mit seinen drei fantastisch-komplexen Kunstwerken, gefolgt von Reichsrat von Buhl u.a. mit dem druckvollen Suez sowie dem ungekünstelten Brut nature von Odinstal aus der Magnumflasche.

Die besten weißen Burgunder alle zu nennen würde in der Pfalz mittlerweile zu weit führen, wobei der π NO.® Gold von Rebholz schon eine Institution ist. Dafür sei an der Stelle auf die große und starke Rosé-Fraktion hingewiesen. In der Kategorie „oxidativ" belegen der Margrit von Bassermann-Jordan und Vincent Eymann mit seinem Pinot Rosé die Spitzenplätze. Letzterer steht auch zusammen mit Andres & Mugler, Carolin Bergdolt, Reichsrat von Buhl und den Newcomern vom Sekthaus Krack für lückenlos starke Kollektionen mit mindestens fünf Sekten.

Größere Kollektionen bedeuten in der Pfalz oft auch Rebsortenvielfalt und Experimentierfreude. Der Sauvignon Blanc von Kassner-Simon, die Muskateller von Philipp Kuhn oder dem Wilhelmshof, bzw. die Linie der Méthode Rural von Marie Menger-Krug (Motzenbäcker) sind ebenfalls Ausdruck der Pfälzer Sektlaune. So wie die häufig günstigen Preis-Genuss-Relationen.

Was schäumt in Rheinhessen?

In Rheinhessen herrscht gerade eine große Dynamik- auch beim Sekt. Vieles ist im Wandel, und es gibt verschiedene Trends. Die Entwicklung geht natürlich auch hier natürlich in Richtung Schaumweine aus Burgundersorten mit langem Hefelager- häufig in irgendeiner Art biologisch. Dafür steht kein Zweiter so wegweisend wie Volker Raumland. Und das bekanntermaßen seit Jahrzehnten. Bemerkenswert ist hier zudem, dass es nicht nur die Ikonen aus der Vintage-Linie sind die begeistern, sondern bereits seine „Einstiegsqualitäten" wie die Cuvées Marie-Luise und Katharina. Ähnlich hohe Qualitäten liefert auch H.O. Spanier mit seinen traumhaft reifen Blancs de Blancs, Jochen Dreissigacker, Daniel Wagner oder die Brüder Jan und Marc Weinreich.

Schön zu sehen, dass mit Rüdiger Flik und seiner Frau Liubov Amusina sowie Isabell Strauch-Weißbach mit ihrem Mann Tim Weißbach zwei weitere reine Sekterzeuger, in diesem Fall Manufakturen den Schneid haben komplett auf Schaumwein zu setzen. Der Erfolg gibt ihnen Recht. Apropos Mut: Auch die Achtung des Lokalmatadors Silvaner verdient Erwähnung. Hier sei nochmals der Name, Strauch aber auch Andreas Seyberth oder Christian Braunewell genannt- Letzterer sogar mit Pét Nat. Nun ist Pét Nat ein verhältnismäßig modernes Produkt über das bereits viel diskutiert wurde, welches Befürworter wie Ablehner findet. Ungeachtet dieser Grundsatzfrage lohnen aber die natürlichen Perler vom Espenhof, Alexander Gysler und abermals den Weinreichs eine Verkostung.

Last but not least lässt sich auch die zunehmende Nutzung von Reserveweinen in Jahrgangscuvées beobachten. Hier gelingt Stefan Winter mit seinem „Pure" eine besondere Premiere. Auffallend im Ganzen ist, dass die allermeisten der besten Häuser Mitgliedsbetriebe der Maxime Herkunft Rheinhessen sind- offensichtlich herrscht in diesem Verband ein guter Verstärkungseffekt.

Wie dieser Guide funktioniert

Gerade beim Sekt kommt es auf den Anlass an. Wird er zum Aperitif gereicht oder begleitet er eine Speise? Ein leichter und fruchtbetonter Solist kann in Kombination mit kräftigen Gerichten einfach untergehen. Ebenso wirkt ein fülligerer Schaumwein ohne Begleitung vielleicht nicht besonders animierend. In diesem Guide sind die Bewertungen an die jeweilige Produktkategorie angepasst. Ein komplexes Leichtgewicht kann durchaus eine höhere Punktzahl erhalten als ein vollmundigerer Sekt mit längerer Ausbauzeit. Umgekehrt ist geschmackliche Transparenz nicht automatisch besser als Konzentration. Die Beurteilung bezieht sich auf die Qualitäten im Glas. Sie ordnet keinen Stil pauschal einem anderen unter.

Die Vorauswahl der Betriebe, welche in diesem Buch vorgestellt werden erfolgte nach über 25-jähriger Kennerschaft der deutschen Weinszene. Die Aufnahme in den Sekt Guide ist absolut freiwillig und grundsätzlich kostenfrei. Vorgestellt werden die vom Erzeuger bereitgestellten Muster. Insofern erhebt dieser Guide nicht den Anspruch auf Vollständigkeit der Sortimente.

Grundlage der Benotung ist das international übliche 100-Punkte Schema. Dabei stehen:

>84 Punkte: Alltagsqualitäten, welche in Richtung Obergrenze durchaus recht ordentlich ausfallen können, in diesem Guide aber nicht besprochen werden.

85-87 Punkte: Für erfrischende Sekte im besten Sinne. Oft handelt es sich um fruchtbetonte Schaumweine aus einer Rebsorte, die hervorragend zum Aperitif geeignet sind oder als Allrounder auf einer Party glänzen. Auch zugewandte opulentere Speisenbegleiter fallen in diese Kategorie.

88-90 Punkte: Diese Sekte erfordern etwas mehr Übung und Aufmerksamkeit. Sie zeichnen sich durch speziell ausgeprägte positive Eigenschaften wie etwa besondere Feinheit, Aromen (-vielfalt) und/oder Terroircharakter aus. In der Regel haben sie auch ein längeres Hefelager hinter sich.

91-94 Punkte: Hier vereinen sich optimale Konzentration, perfekter Zustand und höchste Komplexität. Zumeist sind es (Prestige-) Cuvées für Liebhaber. Häufig gereift, individuell und ausdrucksstark. Sekte, die sich über Tage entwickeln und es sich deshalb lohnt, darüber zu diskutieren. Sie zählen zu den Besten Deutschlands.

95-100 Punkte: Diese Spezialitäten sind extrem rar und rangieren auf Augenhöhe mit den hochwertigsten und teuersten Schaumweinen im internationalen Vergleich.

Flight von Rosésekten

Zur Orientierung sollte man aber wissen, dass die meisten Erzeuger ihre Sekte chargenweise degor-
gieren. Das bedeutet, dass ein Winzer beispielsweise seinen Riesling aus dem Jahrgang 2015 nach
frühestens 9 Monaten Hefelager als Winzersekt vermarkten darf. Gehen diese ersten Bestände zur
Neige, degorgiert er einige Monate später die nächste Partie und so weiter. Von daher ergibt der-
selbe Grundwein verschiedene Sekte mit teilweise sehr unterschiedlich langem Kontakt zur Hefe.
Das Gleiche gilt für den Abstand zwischen Degorgement und dem Konsum. Unser Riesling 2015
könnte theoretisch bereits seit Ende des Jahres 2016 in einem Regal stehen. Oder er befand sich im
anderen Extremfall noch vor wenigen Tagen auf der schützenden Hefe. Verschiedene Bezugsquel-
len können also mitunter deutlich abweichende Eindrücke bei der (Rück)Verkostung erklären. Zur
besseren Orientierung drucken deshalb immer mehr Erzeuger das Datum des Degorgements auf
das Rückenetikett.

Die Reihenfolge der Besprechung und Auflistung richtet sich primär nach der Rebsorte, untergeord-
net dem Preis und schließlich der Dosage. Cuvées mit Riesling stehen vor reinsortigen Rieslingen.
Es folgen die Burgundersorten aufsteigend nach ihrer Prägung durch rote Rebsorten. Zum Abschluss stehen die übrigen Rebsorten, gefolgt von alternativ hergestellten Schaumweinen wie Pét
Nats. Der Endverbraucherpreis ist innerhalb der Kategorien in der Regel aufsteigend, die Dosage
zumeist absteigend geordnet.

Die Betriebe

Pfalz

Aloisiushof

Inhaber: Bernhard, Philipp Michael
und Andreas Kiefer
Kellermeister: Philipp Kiefer
Betriebsgröße: 24 ha
Sektanteil: 7 000 Flaschen
Terroir: Lehm, Löss und Kalk
Versektung: Martinushof

Wein und Sekthaus Alois Kiefer (Aloisiushof)
Mühlstraße 2
67487 St. Martin
Tel. 06323 2099
weinundsekthaus@aloiskiefer.de
www.aloiskiefer.de

Alois Kiefer und seine Frau Rita gründeten 1950 das Familienweingut mit knapp drei Hektar, die sich auf über 70 Parzellen zerstreuten. Ursprünglich gelernter Bäcker, war sich Alois auch im Vertrieb nicht zu schade mit dem Rad und bis Koblenz auf Tour zu gehen. Nach und nach stiegen drei seiner neun Kinder in den Betrieb ein: Bernhard, Michael und Andreas. Seit 2008 ist auch Bernhards Sohn Philipp als nimmermüder Netzwerker, Schaffer, Repräsentant und Kellermeister mit von der Partie. Er ist Mitglied im (ehem. Barrique) Forum Pfalz, war im Förderprogramm der Spitzentalente des VDP Pfalz und betreibt mit seinem Cousin, dem Winzer Dominic Stern das Projekt PinoTimes. Ganz nebenbei richtet er einmal im Jahr mit dem umtriebigen Sommelier Uwe Warnecke die legendäre Premiumweinmesse Véritable im Aloisiushof aus. Trotz großzügiger Unterkellerung des kompletten Stammhauses in der gemütlichen Ortsmitte von St. Martin reichte den Kiefers der Platz für ihre Fässer schon lange nicht mehr aus. Schrittweise übernahmen sie die Räumlichkeiten der Genossenschaft und installierten dort u.a. eine repräsentative Vinothek als zusätzliche Verkaufsstelle.

Die Sekte

Philipp Kiefer ist Holzfetischist und hat ein Händchen dafür. Sämtliche Grundweine baut er zu 100% im Barrique aus und das in Zweit- bis Achtbelegung. Vergoren wird in der Regel spontan. Die Cuvée Blanc de Blancs aus Chardonnay und Weißburgunder ist mit 5g Dosage sogar im Bereich extra brut angesiedelt. Sie zeigt Aromen von Birne und Honig, ist holzbetont und braucht unbedingt Zeit zum Atmen. Barock und reif erscheint der Blanc de Noirs, er erinnert an Steinobst, v.a. Pflaumen. Der Rosé ist dicht und würzig ohne rustikal zu sein. Er duftet nach Erdbeeren und Nougat. Mit feinem Litschiduft und für die Aromarebsorte sowie aus dem warmen Jahr 2018 erstaunlich elegant ist der Gewürztraminer. Ein wirklich sehr guter Allrounder.

88	2015 Blanc de Blancs brut 14,90€
86	2015 Blanc de Noirs brut 10,90€
87	2015 Rosé brut 12,90€
87	2018 Gewürztraminer brut 12,90€

Pfalz

Andres & Mugler

Inhaber: Michael Andres
und Steffen Mugler
Kellermeister: Michael Andres
und Steffen Mugler
Betriebsgröße: 10 + 7 ha
Sektanteil: 20-25 000 Flaschen
Terroir: Alle Bodenformationen der Pfalz v.a.
Buntsandstein Kalk, und Ton
Versektung: Selbst

Andres & Mugler
Hauptstr. 33a
67152 Ruppertsberg
Tel.: 06326 8667
info@andresundmugler.de
www.andresundmugler.de

Steffen Mugler lebt mit seiner Familie in Maikammer und ist Inhaber des Weinguts Schädler. Sein Freund und Winzerkollege Michael Andres hat seinen Betrieb in Ruppertsberg. 1989 starteten die beiden ihr Sektprojekt Andres & Mugler mit einem geschenkten 1000l Fass und rutschten sofort auf die Erfolgsspur. Gleichzeitig besetzten sie damit auch ganz bewusst eine damals unterrepräsentierte Nische. Den Sekt genauso zu machen, wie die beiden es wollen war Michael Andres von Anfang an wichtig. Sowohl die Weingüter als auch die Sektkellerei werden biodynamisch bewirtschaftet. Dabei bedeutet Biodynamie für Steffen Mugler weit mehr als nur die Stärkung von Pflanzen und Boden mit homöopathischen Mitteln. Sie reicht in viele andere Lebensbereiche. Für ihn ist es die Haltung, mit der er die Weinberge, das Handwerk, oder auch die Mitmenschen betrachtet.

Die Sekte

Die Kollektion von Andres & Mugler gehört mit 10 verschiedenen Sekten zu den umfangreichsten der Pfalz. Dabei steht sie solide wie eine Phalanx, jedes Produkt zeichnet sich durch hohe Präzision und exakten Charakter der Sorten aus. Besonders Riesling und Weißburgunder zeigen sich äußerst sortentypisch, verspielt und sehr zart. Der Riesling erscheint zu Beginn rauchig-mineralisch nach Zitrone und Tafelkreide, später mit einem Tick Marzipan. Er bleibt mitreißend frisch, komplex, elegant mit viel saftiger Säure. Den Pinot Blanc charakterisiert ein Begriff: Grün. Grün nicht im Sinne von Unreife, sondern feine grüne Birne und aromatisches grünes Fruchtgummi. Ebenfalls sehr subtil und somit extrem animierend. Die Zusammensetzung der Cuvée Elena ist etwas ungewöhnlich: Chardonnay, Auxerrois und Schwarzriesling. In ihrer verspielten Art erinnert sie an Steinobst, v.a. an Zwetschge. Sie hat eine tolle Würze, eine feine Balance und zeigt edelbittere Länge. Mit der Cuvée Anniversaire XXX machten sich Michael Andres und Steffen Mugler im Sommer 2019 ihr persönliches Geburtstagsgeschenk zum 30. Es besteht aus 80 % Chardonnay und 20 % Pinot Meunier aus dem Tonneau. Einerseits feinwürzig nach Zitronentarte und Marzipan hat es zugleich eine schmeichelnde balsamische Art. Happy Birthday oder besser Bon Anniversaire! Der Blanc de Noir ist eine Cuvée aus Spätburgunder und Schwarzriesling. Er hat eine leichte Tönung von Melone, duftet frisch geöffnet nach Erdbeere und Lakritze. Mit etwas Belüftung nuancierter, harmonischer mit feiner Säure und Drive. Mangofarben steht der reinsortige Pinot Noir Rosé im Glas. Seine fruchtige Nase nach Kirsche und Johannisbeere wird unterstrichen von einer triggernden Umami-Note. Er bietet viel Zug, saftige Säure, bleibt in allen Gläsern kalt-fruchtig, erfrischend und sehr lang. Seit Jahren ist der Muskateller Fleur d'Emely eine Bank. Auch aus 2018 präsentiert er sich glasklar und erfrischend, duftet nach Wiesenkräutern, etwas Muskat und Zitrone. Insgesamt leichtfüßig und sehr reizvoll.

88	2017 Riesling brut 13€
89	2018 Pinot Blanc brut 13€
89	2015 Cuvée Elena brut 18€
91	2014 Cuvée Anniversaire XXX brut nature 30€
88	2017 Blanc de Noir brut 14€
89	2017 Pinot Rosé brut 14€
88	2018 Fleur d'Emely Muskateller brut 17€

Nahe

Bamberger

Inhaber: Heiko Bamberger
Kellermeister: Heiko Bamberger
Betriebsgröße: 15 ha
Sektanteil: 20 000 Flaschen
Terroir: Rotliegendes, Quarzit, Grüner Schiefer
Versektung: Selbst

Wein- & Sektgut Bamberger
Römerstraße 10
55566 Meddersheim
Tel.: 06751 2624
kontakt@weingut-bamberger.de
www.weingut-bamberger.de

Das Familienweingut wurde 1968 gegründet und liegt in Meddersheim an der oberen Nahe. Einige der Top-Lagen erstrecken sich sogar noch in die dortigen Seitentäler. Und wenn das Gegenteil von Vorsprung die Nachsprung ist, so spielt dieser Heiko Bamberger und seinen Sektgrundweinen dort in die Karten. Der Vegetationsverlauf an der oberen Nahe liegt bereits im Vergleich zu Bad Kreuznach eine Woche, zum Mainzer Becken um zwei Wochen zurück. Übernommen hat er es von seinem Vater, der den Gemischtbetrieb auf ein reines Weingut umgestellt hat. Bereits dessen Leidenschaft galt dem Sekt und den Reisen in die Champagne. Heiko Bamberger durfte ihn als Jugendlicher begleiten, allein schon weil er dabei als Übersetzer fungieren musste.

Die Sekte

Die Philosophie der Bambergers lautet, dass Sekt nicht nur das i-Tüpfelchen ihres Sortiments sei, sondern ihre Passion. Die Pressfraktionen werden differenziert, der Grundwein vergärt in der Regel im Edelstahl und Hefen aus der Champagne kommen zum Einsatz. Zudem setzen sie auf ein langes Hefelager. Die Visitenkarte des Hauses punktet mit schöner Riesling-Nase nach Pfirsich und Kräutern. Sie hat ordentlich Drive am Gaumen, eine sehr gute Balance und sorgt für viel Speichelfluss. Zu seinem 25. Winzer-Jubiläum gönnte sich Heiko Bamberger den würzig-pikanten Riesling brut nature mit starkem Mousseux, heller Farbe im Glas und intensiver Frucht. Er profitiert von einer kurzen Belüftung und mittelgroßer Kuppa. Nach 70 Monaten auf der Hefe legt er nun eine Punktlandung hin. Die Cuvée Pinot duftet dezent nussig, ist dabei für einen Pinot angenehm leichtfüßig und ebenfalls sehr gut balanciert. Wäre sie ein Rosé, würde man bei der Réserve von mangofarben sprechen. Sie ist von der Hefe geprägt, erinnert an Nüsse und Pumpernickel und hat ordentlich Druck. Sehr gut als Kontrapunkt zu süßlichen Gerichten wie Kürbissuppe mit Maronen. Der Pinot Rosé besteht aus Spätburgunder und Weißburgunder mit 33 Monaten Hefelager. Er riecht feinwürzig nach Erdbeeren und roten Johannisbeeren. Am Gaumen mit richtig Grip und einer kontrastierenden, angenehm oxidativen Bitternote im Abgang. Der Rosé ist eine Cuvée aus Spätburgunder und Acolon. Er ist sehr fruchtig mit Aromen von Kirschdrops und marinierten Erdbeeren, intensiv, süffig und zugewandt.

88	2015 Riesling brut 13,80€
89	2012 Riesling 25 brut nature 25€
87	2016 Cuvée Pinot brut 13,80€
89	2011 Cuvée Pinot brut nature Réserve 29,50€
87	2015 Pinot Rosé brut 16,50€
85	2016 Rosé trocken 13,30€

Pfalz   Bassermann-Jordan

Inhaber: Jana Seeger
Kellermeister Sekt: Dominik Leyrer
Betriebsgröße: 50 ha
Sektanteil: 50 000 Flaschen
Terroir: Buntsandstein, Kalk, Lehm
Versektung: Selbst

Weingut Geh. Rat Dr. von Bassermann-Jordan
Kirchgasse 10
67146 Deidesheim
Tel.: 06326 6006
info@bassermann-jordan.de
www.bassermann-jordan.de

Den Franzosen Pierre Jordan verschlug es nach dem Pfälzischen Erbfolgekrieg in die Pfalz und er gründete ein Weingut. Zunächst in Roschbach, später Hainfeld und schließlich zog der Betrieb nach Deidesheim um. Durch Erbteilung wurde der Besitz zerschlagen, es entstanden zusätzlich die Güter Reichsrat von Buhl und Dr. Deinhard. Doch die Ahnenlinie des Guts blieb prestige- und ge-schichtsträchtig genug: Ludwig Andreas Jordan war Reichstagsmitglied und ein Freund Ottos von Bismarck, Dr. Ludwig Bassermann-Jordan engagierte sich für das erste deutsche Weingesetz und war Mitbegründer des VDP. Und der Geheime Rat Dr. Friedrich von Bassermann-Jordan verfasste das Werk „Der deutsche Weinbau". In den weitläufigen historischen Kellern befindet sich eine Schatzkammer mit Raritäten zurück bis ins Jahr 1811. Der 2013 verstorbene Unternehmer Achim Niederberger vereinte die ehemals getrennten Betriebe in seinem Portfolio, jedes verwaltet sich jedoch selbstständig. Heute sind Ulrich Mell technischer und Gunther Hauck kaufmännischer Ge-schäftsführer.

Die Sekte

Innerhalb des Sortiments besteht ein großer Qualitätssprung. Der Riesling brut im Einstiegssegment ist gut, bietet Grapefruit- und Stachelbeernoten, ist leicht, unkompliziert aber verglichen mit den starken Zugpferden noch relativ einfach. Auf jeden Fall aber bestens geeignet für die Gastronomie oder größere Events. Die drei handgerüttelten Schäumer spielen dagegen in einer völlig anderen Liga. Der Riesling aus 2013 hat schöne Reifenoten, ist sehr konzentriert ohne es an Eleganz mangeln zu lassen. Pierre ist eine Cuvée aus Chardonnay und Spätburgunder. Er hat feine Zitrus -und kräftige Briochenoten sowie würzige Anklänge nach weißer Mandel. Margrit ist der Vorname der Witwe von Dr. Ludwig von Bassermann-Jordan. In seinem Interesse leitete sie die Geschicke des Weinguts bis 2002. Dieser reinsortige Pinot Noir ist ebenfalls groß. Auch in der aktuellen Charge bleibt er lange verschlossen, holzwürzig und mit Erdbeeraroma. Am Folgetag entwickelt er pikante Anklänge eines feinen Cognac. Sehr gut, aber ein wenig speziell für Freaks.

86	NV Riesling brut 12,90€
89	2013 Riesling brut nature 25,90€
91	NV Pierre brut 22,50€
91	NV Margrit rosé brut 29,90€

Rheinhessen   BattenfeldSpanier

Inhaber: Carolin Spanier-Gillot und H.O. Spanier	Weingut Spanier-Gillot
Kellermeister: H.O. Spanier	Oelmühlstr. 25
Betriebsgröße: 52 ha	55294 Bodenheim
Sektanteil: 2 000 Flaschen	Tel.: 06135 2333
Terroir: Kalk	info@kuehling-gillot.de
Versektung: Raumland	www.kuehlingandbattenfeld.com

Der Zusammenschluss der Weingüter BattenfeldSpanier und Kühling-Gillot ist eine einzigartige Erfolgs- und Lovestory. Carolin Spanier-Gillot ist Oenologin und entstammt dem etablierten VDP-Betrieb Kühling-Gillot aus Bodenheim. Ihre besten Lagen befinden sich an der Rheinterrasse und im Roten Hang. H.O. Spanier stampfte sein Weingut 1991 aus dem Boden und verschrieb sich von Anfang an streng ökologischer Wirtschaftsweise. Seine Filetstücke liegen im südlichen Wonnegau in Richtung Zellertal. Eine Mischung, die sich auch privat ergänzt, die beiden haben zwei Kinder. Durch das Joint Venture legte der ohnehin schon starke Rückenwind nochmals zu- sowohl durch das spektakuläre Lagenportfolio als auch das schonungslose Qualitätsstreben des Paares. Dieses zelebrieren die beiden u.a. durch hochwertige Events unter dem Label LiquidLife in ihrem Weingut in Bodenheim.

Die Sekte

Mit dem Jahrgang 2007 wandten sich Carolin Spanier-Gillot und H.O. Spanier von der Erzeugung sehr guter, aber traditionellerer Sekte ab und setzten auf genau das, was sie selbst am liebsten trinken: Puristischen, reifen Blanc de Blancs. Dieser wird spontan im Edelstahl vergoren, der BSA findet teilweise statt. Wer die beiden aktuell verfügbaren Jahrgänge gleich nach dem Öffnen und zu kalt ausschenkt bringt sich um ganz viel Genuss. Am besten sind sie tatsächlich am Folgetag. Dabei ist der 2011er erwartungsgemäß der etwas Leichtere, Transparentere und mit wunderschönen Briochenoten ausgestattet. Er zeigt auch deutlicher die bei den Weinen von H.O. so häufig beschriebene Salzigkeit. Sein 2 Jahre älterer Bruder präsentiert sich mit mehr malziger Würze aber mit der der gleichen Komplexität und Länge. Beide sind wirklich großer Sport.

93	2011 Blanc de Blancs Vintage extra brut 40€
92	2009 Blanc de Blancs Vintage extra brut 40€

Pfalz   Friedrich Becker

Inhaber: Friedrich Becker Junior & Senior
Kellermeister: Friedrich Becker Junior
Betriebsgröße: 20 ha
Sektanteil: 8 000 Flaschen
Terroir: Lehm, Sand
Versektung: Raumland

Weingut Friedrich Becker
Hauptstr. 29
76889 Schweigen-Rechtenbach
Tel.: 06342 290
wein@friedrichbecker.de
www.friedrichbecker.de

Bereits 1962, mit 14 Jahren stieg Friedrich Becker Senior in das elterliche Weingut ein. Sein Vater lieferte seine Weine fassweise an die Genossenschaft, an andere Lokale oder schenkte ihn in der eigenen Straußwirtschaft aus. 1973 begann man damit eigene Flaschen zu füllen und diese selbst zu vermarkten. Bis zum ersten Sekt dauerte es noch gut 10 Jahre. Wie viele Pioniere war Friedrich Becker Mitglied der Vereinigung Sektgüter Rheinpfalz (VSR). Seinen Pioniergeist lebte er jedoch noch zielstrebiger für den Einsatz neuer Methoden wie beispielsweise die damals noch unbekannten und für Qualitätswein nicht zugelassenen Barriques aus. Heute kümmert er sich um die Weinberge während sein Sohn den Keller verantwortet. Legendär sind die weißen Burgunder, noch mehr sogar die Pinot Noirs der beiden Friedrichs.

Die Sekte

Die Kollektion ist überschaubar aber klar strukturiert und stark. Es gibt die Salomé sowohl in Weiß als auch Rosé und das jeweils in „Basisqualität" und als Reserve. Die weiße Salomé ist ein Chardonnay mit 7 Jahren Hefelager. Er ist vielschichtig, duftet nach reifen Mirabellen mit einem kleinen Touch Vanille und einer schönen Balance. Die Reserve dazu war zwischenzeitlich leider ausgetrunken, ist aber unbedingt empfehlenswert. Die beiden Rosé sind zu 100 % aus Pinot Noir bereitet. Die „kleine" Salomé lag 8 Jahre auf der Hefe. Sie duftet fein nach Kirsche, ist lecker, saftig und zeigt ebenfalls einen Hauch Vanille. Die Reserve ist etwas farbintensiver und körperreicher. Hier gesellen sich nach Belüftung leicht rauchige Noten zur überbordenden Kirschfrucht hinzu. Insgesamt sehr lang mit Hammersäure, typisch Becker eben.

89	NV Cuvée Salomé brut 16,50€
88	NV Cuvée Salomé Rosé brut 19€
89	2010 Cuvée Salomé Reserve Rosé 35€

Pfalz   # Bergdolt

Inhaber: Carolin und Rainer Bergdolt
Kellermeister: David Golitko
Betriebsgröße: 29 ha
Sektanteil: 15-20 000 Flaschen
Terroir: Lösslehm, Sand, Kalk
Versektung: Selbst

Weingut Bergdolt Klostergut St. Lamprecht
Dudostr. 17
67435 Neustadt-Duttweiler
Tel.: 06327 5027
info@Weingut-Bergdolt.de
www.weingut-bergdolt.de

Einst waren es die Dominikanerinnen aus dem im Pfälzerwald gelegenen Kloster Lambrecht, die das Gut bewirtschafteten. 1754 übernimmt Jakob Bergdolt das mittlerweile in kurfürstlichem Besitz befindliche Anwesen. Heute ist es wieder eine Frau, die den Traditionsbetrieb in die Zukunft führt: Carolin Bergdolt. Eine Frau mit Durchsetzungsvermögen, Kompetenz und Intuition. Aushängeschild des Weinguts ist ganz klar der Weißburgunder. Die großen Gewächse aus dem Mandelberg besitzen Kultstatus und können hervorragend reifen. Bereits 1986 erzeugte ihr Vater Rainer eigene Sekte- damals absolute Seltenheit. 1993 folgte die Aufnahme in den VDP.

Die Sekte

Den Anfang des etablierten Sektsortiments macht der Riesling. Er duftet nach Apfel-Quittengelee und grünem Fruchtgummi, hat Grip, Würze und einen balsamischen Nachhall. Die Visitenkarte und der Bestseller des Hauses ist wie bei den Weinen der Weißburgunder. Er zeigt Aromen von Apfel, etwas Brioche und je nach Glas Zitronentarte. Seine sehr gute Balance macht ihn äußerst universell einsetzbar: Vom Solisten über den Aperitiv bis zum Käse. Beim Chardonnay ist das Vorbild klar. Elegante Autolyse-Aromatik, dezente Zitrusfrucht und hohe Komplexität lassen sofort an die Champagne denken. Flaggschiff des Sortiments ist der Fluxus, eine Cuvée aus Chardonnay und Pinot Noir. Er entwickelt sich zunächst zögerlich, zeigt zarte Zitrusnoten, startet dann aber mit kräftigeren Eindrücken von Steinobst und Maracuja durch. Er hat Power, eine markante Säure und ist undosiert perfekt trocken. Mit dem Blanc de Noir ist Carolin Bergdolt ein sehr schöner, filigraner Vertreter dieses Stils gelungen. Ebenfalls supertrocken, mit Hammersäure die aus einem schlanken Glas noch mehr triggert.

87	2017 Riesling brut 11,50€
88	2016 Weißburgunder extra brut 14,50€
91	2015 Chardonnay Blanc de Blanc brut nature 22€
92	2014 Fluxus brut nature 28€
89	2017 Blanc de Noir extra brut 14,50€

Pfalz

Bernhart

Inhaber: Gerd Bernhart

Kellermeister: Gerd Bernhart

Betriebsgröße: 21 ha

Sektanteil: 10 000 Flaschen

Terroir: Buntsandstein, Tonmergel, Lösslehm

Versektung: Selbst

Weingut Bernhart

Hauptstr. 8

76889 Schweigen-Rechtenbach

Tel.: 06342 7202

info@weingut-bernhart.de

www.weingut-bernhart.de

Die Historie des südpfälzischen Weinguts ist verhältnismäßig kurz. Nach dem Krieg startete der Vater von Gerd Bernhart als absoluter Autodidakt das Unternehmen. Das Handwerkszeug schaute er sich von seinen Winzerkollegen einfach ab und betrieb Learning by Doing. Seit den 1960er Jahren füllte er bereits unter eigenem Namen. Der Blick ins benachbarte Elsass bestärkte ihn dabei trockene Weine und ab 1986 auch Winzersekt zu erzeugen. In der 2. Generation bereits gelang Gerd Bernhart nach weiteren Qualitätsoffensiven sogar die Aufnahme in den VDP. Viele seiner Weinberge liegen jenseits der Grenze auf französischem Boden. Zurzeit verbietet ihm die Weinkontrolle die Nennung dieser Lagennamen auf seinen Etiketten.

Die Sekte

Bei seinen ersten beiden Sekten setzt Gerd Bernhart auf Frucht. Riesling und Weißburgunder werden im Edelstahl vergoren, der BSA vermieden und das Hefelager ist mit 15-18 Monaten nicht auf besonders ausgeprägte Autolyse-Aromatik ausgelegt. Der Riesling ist ein knackiger Pfälzer Vertreter mit kräutriger Pfirsichnase. Mit seiner schönen Säure und der leichten Bitternote ein guter Terrassensekt. Der Weißburgunder ist herzhaft, mit einer Kräuter- und Zitronenaromatik. Dagegen durchlaufen die beiden anderen den BSA, der Crémant aus Chardonnay wird zu einem Drittel im Holz ausgebaut. Deshalb sollte er auch etwas belüftet genossen werden. Er hat Druck, zeigt feine Würze und ebenfalls Anklänge an Zitrusfrüchte. Der Spätburgunder Blanc de Noir ist hell, duftet herbfruchtig nach schwarzer Johannisbeere, Brombeere und Apfel. Er hat eine gute Balance, ein starkes Mousseux und einen Tick pikante Bitterkeit im Abgang.

86	2017 Riesling brut 10,80€
86	2016 Weißburgunder extra brut 11€
88	2015 Cremant Chardonnay brut 11,50€
87	2017 Spätburgunder Blanc de Noir extra brut 13€

Rheinhessen

Braunewell

Inhaber: Familie Braunewell
Kellermeister: Christian Braunewell
Betriebsgröße: 25 ha
Sektanteil: 20-25 000
Terroir: Kalk, Mergel mit Ton
Versektung: Bais bei Singer-Fischer
Premium bei Weingut auf den 15 Morgen, Familie
Binzel

Weingut Braunewell
Am Römerberg 34
55270 Essenheim
Tel.: 06136 9999100
info@weingut-braunewell.de
www.braunewell-wein.de

Die Wurzeln des dynamischen Familienbetriebs reichen zurück bis ins 17. Jahrhundert. Der Hugenotte François Breiniville siedelte sich 1655 in Essenheim an, heiratete und gründete das Weingut. Heute sind es drei Generationen, die sich dort einbringen: Senior Adam, Axel und Ursula, sowie deren Söhne Stefan und Christian. Auch baulich befinden sich die Braunewells in der Erneuerung. Neben dem fast fertiggestellten Barriquekeller entsteht eine Vinothek mit erhabenem Blick über das Selztal südlich von Mainz. Der Betrieb ist Gründungsmitglied der Initiative „Maxime Herkunft Rheinhessen" in der Stefan Braunewell einen Vorstandsposten bekleidet. Dieser Winzerzusammenschluss setzt sich u.a. für die dreistufige Qualitätspyramide aus Guts-, Orts- und Lagenwein ein. Eine weitere Qualitätsoffensive ist sein Rosé-Projekt mit dem befreundeten Frank Dinter. Unter dem Label Braunewell-Dinter „BD" firmieren zwei hochwertige Stillweine und ein Premiumsekt.

Die Sekte

Im sympathisch überschaubaren Sektsortiment der Braunewells vermischt sich Internationalität mit rheinhessischem Fingerprint. Sein breites Aromenspektrum macht den Riesling brut attraktiv und zum Begleiter eines ganzen Abends. Die Duftpalette reicht von reifem Steinobst über Mandarine bis zu einem Tick Zitrone mit kreidiger Mineralität. Im Ganzen sehr fein und eine super Balance. Typisch nach gelben Früchten, und einem überraschenden Touch Erdbeere präsentiert sich der Blanc de Blancs. Er hat eine triggernde Säure, feine Würze und saftige Frucht, ist überbordend und animierend. Hinter dem Brut de Selztal verbirgt sich die Marriage aus Grau-, Spät und Weißburgunder sowie Schwarzriesling. Dies verleiht ihm eine perfekte Ausgewogenheit im besten Sinne. Er zeigt eine präzise Balance zwischen Frucht, Säure, Aromatik und Körper ohne eine Spur von Langeweile. Sein großer Bruder, die Prestige Cuvée aus Grau- und Spätburgunder legt von allen Komponenten eine Schippe drauf. Damit ist der Stil des Hauses wieder einwandfrei zu erkennen. Anfangs mit einer starken Dynamik bei den Aromen, aber immer mit einer Spur Pumpernickel und Trockenfrüchten. Er ist zudem geprägt von einer Hammersäure, gleichzeitig reif, saftig und einer Autolyse-Note aus dem Lehrbuch. Kommt besser aus schlanken Gläsern. Die drei Produkte des BD-Projekts sind von der Provence inspiriert, der Sekt ist zwischen den wärmeren Farbtönen Mango und Mandarine angesiedelt. Der reine Spätburgunder aus 2016 ist sehr intensiv, erinnert an rote Johannisbeeren und behält seine Powerfrucht über Tage. Der Silvaner brut nature ist ein Pét Nat und staubtrocken. Er zeigt Noten von reifem Apfel mit einem Touch Cidre. Am Gaumen ist er kraftvoll, nussig, mit würziger Bitternote- insgesamt sehr viel Druck.

88	2016 Riesling brut 11€
89	2016 Blanc de Blancs Chardonnay brut nature 16,50€
88	2014 Pinot "Brut de Selztal" 13€
89	2014 Pinot Prestige brut nature 19€
90	(2016) die Rosé Perle BD extra brut 39€
87	NV Silvaner brut nature Pétillant Nature 13€

Pfalz

Brendel

Inhaber: Familie Brendel
Kellermeister: Christian Brendel
Betriebsgröße: 13 ha
Sektanteil: k. A.
Terroir: Lösslehm, Buntsandstein, Kalk
Versektung: Selbst

Weingut Brendel
Hauptstr. 13
76889 Pleisweiler-Oberhofen
Tel.: 06343 8450
info@weingut-brendel.de
www.weingut-brendel.de

Ein gelungenes Beispiel für einen jungen Betrieb, der sich im Aufbruch befindet. Christian Brendels Eltern waren Quereinsteiger, das heutige Weingut ein klassischer Gemischtbetrieb mit eigenem Vieh. Mitte der 1990er Jahre begann die Familie zunächst auf Gastronomie zu setzen und trat aus der Genossenschaft aus um ihren eigenen Wein auszuschenken. Dies vor allem an den Wochenenden in ihrer Weinstube im Ortsteil Oberhofen. Vor etwa 15 Jahren nach seinem Studium in Geisenheim übernahm Christian Brendel das Ruder. Da er selbst sektbegeistert ist, hat er sein Sortiment um eine stimmige Schaumweinkollektion erweitert und macht bei der Herstellung jeden Arbeitsschritt selbst. Nach der Etablierung hofft er darauf dieses Portfolio um das eine oder andere Produkt erweitern zu können.

Die Sekte

Christian Brendel legt bei seinen Sekten Wert auf Frische. Die Grundweine werden kontrolliert im Edelstahl vergoren, der BSA in der Regel vermieden, Holzeinsatz findet kaum statt. Die diesjährige Kollektion beweist dies einmal mehr, sie ist durch die Bank weg eleganter als die von 2019. Hinter der Cuvée Tradition verbirgt sich ein sehr erfrischender reinsortiger Riesling mit einer rauchigen, leicht mineralischen Grapefruitnote. Durch seine puristisch-straffe Art und der belebenden Säure bietet er enorm viel Trinkfluss für verhältnismäßig kleines Geld. Der aktuelle Blanc de Blancs aus Chardonnay und Weißburgunder ist stark wie nie. Er verströmt einen intensiven Duft nach Mirabellen und Gelben Pflaumen, nach Belüftung auch Marzipan. Er zeigt eine sehr gute Balance, hat aber trotzdem Kante. Die Tête du Cuvée besteht aus Weißburgunder, Chardonnay und Spätburgunder. Sie ist dominiert durch fruchtige Anklänge an Pfirsich und Melone, hat etwas Autolyse-Aromatik, ist mittelgewichtig, zugewandt und ebenfalls ausgewogen. Der Blanc de Noirs ist ein reiner Spätburgunder. Er hat eine feinfruchtige Nase, ist von dezenter Art, elegant und hat eine verspielt nuancierte Balance.

88   NV Tradition extra brut (Riesling) 9,60€

89   Blanc de Blancs extra brut 12,70€

87   Tête de Cuvée brut nature 14,80€

87   Blanc de Noirs extra brut 12,70€

Pfalz   Bürklin-Wolf

Inhaber: Bettina Bürklin-von Guradze   Weingut Dr. Bürklin-Wolf
Kellermeister: Nicola Libelli   Weinstraße 65
Betriebsgröße: 86 ha   67157 Wachenheim
Sektanteil: 10 000 Flaschen   Tel.: 06322 95330
Terroir: Riesling auf Kalk, Burgunder auf   vinothek@buerklin-wolf.de
Buntsandstein mit Lehm und Ton   www.buerklin-wolf.de
Versektung: Raumland

Bürklin, Wachenheim und Riesling sind untrennbar miteinander verbunden. Bereits Ende des 16. Jahrhunderts erwarb dort ein ehemaliger Bürgermeister Bürklin umfangreiche Weinbergsflächen. 300 Jahre später baute der Vizepräsident des Deutschen Reichstags, Dr. Albert Bürklin das Gut zu einem Musterbetrieb aus. Sein Großneffe gleichen Namens erbte das Anwesen, sanierte und förderte es gerade auch nach dem Zweiten Weltkrieg. Seit 1990 steht seine Tochter Bettina Bürklin-von Guradze dem Traditionsgut vor. Bereits vor 25 Jahren adaptierte sie wegweisend das Klassifikationsmodell aus dem Burgund und stellte eines der größten deutschen Weingüter komplett auf Biodynamie um. Heute ist das Haus eine Ikone was trockene Lagenrieslinge und Jahrgangstiefe betrifft.

Die Sekte

Deshalb dient der Sekt hier eher der Abrundung des Sortiments. Die neue Ausstattung der Flaschen geht optisch bewusst auch etwas auf Distanz zu den Stillweinen. Die diagonale Schrift ist tatsächlich die von Bettina Bürklin-von Guradze. Von daher tragen die Sekte also auch sprichwörtlich ihre Handschrift. Relativ frisch nach dem Degorgement ist der Riesling aus 2017 noch etwas wild in der Aromatik. Er zeigt aber bereits die charakteristische Steinobstnote seines Vorgängers, ist sehr fein, ja mineralisch und nuanciert. Man schmeckt an jedem Punkt die große Erfahrung mit der Rebsorte. Die Cuvée aus Chardonnay und hell gekeltertem Spätburgunder hat ebenfalls ein Abonnement auf ihren typischen intensiven Duft nach grünen Äpfeln mit etwas weißen Mandeln. Sie ist insgesamt sehr saftig, druckvoll und lang am Gaumen.

88   2017 Riesling brut 18€

88   2017 Cuvée brut 18€

Pfalz

von Buhl

Inhaber: Jana Seeger
Kellermeister: Gregor Hofer
Betriebsgröße: 60 ha
Sektanteil: 125 000 Flaschen
Terroir: Lehm, Sand, Buntsandstein, Kalk
Versektung: Selbst

Weingut Reichsrat von Buhl
Weinstraße 18-24
67146 Deidesheim
Tel.: 06326 965019
info@von-buhl.de
www.von-buhl.de

Das Weingut ist wie seine „Geschwister" Geh. Rat Dr. von Bassermann-Jordan und von Winning ein Teil des ehemaligen Jordan'schen Besitzes. Dieser wurde von Achim Niederberger zusammengeführt, die Güter verwalten sich jedoch autonom. Und wie die beiden anderen hat auch von Buhl in der Zwischenzeit viel erlebt. Den Titel verdankt es Armand von Buhl bzw. dessen Verdiensten um die Sozialgesetzgebung am Ende des 19. Jahrhunderts. Sein Renommee hatte der Betrieb zu diesem Zeitpunkt schon längst. So wurde von Buhl bei der Eröffnung des Suez-Kanals ausgeschenkt. Heute steht der Name für Wein und Sekt gleichermaßen. Kaum ein anderes Pfälzer Weingut hat eine derart hohe Produktionsmenge an Schaumwein. Dieser Sortimentsschwerpunkt geht auf die 1990er Jahre zurück, seit 2013 befindet sich das Gut unter neuer Leitung im Sinne der Familie Seeger. Kultig und unbedingt einen Besuch wert sind die weitläufigen Keller inmitten des Ortskerns.

Die Sekte

Die Basis des grandiosen Sortiments besteht aus den Fixsternen Jahrgangsriesling, Reserve und Rosé. Sie bilden die Linie der Weinmanufaktur Reichsrat von Buhl. Bereichert wird diese durch wechselnde Prestige-Sekte, die sehr groß sind. Bereits der Basisriesling setzt Maßstäbe und ist ein echter Benchmark-Sekt. Er duftet intensiv nach reifem Boskop mit etwas Brioche, hat eine pikante Säure und ist barock im besten Sinne. Er ist kraftvoller als der 2016er aber macht wie immer Spaß. Der Suez Vintage legt eine weitere Schippe drauf. Auch ein knappes Jahr nach seinem Release zum 150. Jahrestag der Kanaleröffnung (November 2019) ist er unverändert druckvoll, maskulin, puristisch und staubtrocken. Er braucht unbedingt einen Tag Belüftung. Die Reserve besteht aus Weißburgunder mit Chardonnay und erscheint ohne Jahrgangsangabe. Sie duftet feinwürzig nach Birne, ist perfekt balanciert und animierend. Der Rosé ist sehr charakteristisch und stets leicht zu erkennen. In der Nase kalt-ätherisch nach Kirschsorbet und zupackend mit Grip am Gaumen. Sehr lang, erfrischend, expressiv. Sein großer Bruder, die fantastische Prestige-Variante aus dem Jahrgang 2013 spiegelt bzw. ergänzt ihn hinsichtlich des Bouquets auf perfekte Weise. Hier herrschen selbst nach Belüftung aromatische Eindrücke von frischem, gutem Brot mit Koriander vor. Die fruchtige Komponente nach Zwetschge ist nur dezent ausgeprägt, schwebt über dem würzigen Grundton. Am Gaumen wieder viel Substanz mit der Power einer Breitseite der Black Pearl.

90	2017 Riesling brut 14,90€
92	2015 Suez Vintage (Riesling) brut nature 29,90€
89	NV Reserve 16,90€

88	2016 Rosé brut 18,90€
90	2013 Rosé Prestige brut 52€

Pfalz   Corbet

Inhaber: Lukas Corbet	Wein- & Sektgut Corbet
Kellermeister: Lukas Corbet	Kreuzstr. 7
Betriebsgröße: 9 ha	67434 Neustadt Diedesfeld
Sektanteil: 4 000 Flaschen	Tel.: 06321 86144
Terroir: Löss, Sand, Buntsandstein, Lehm	weingut@corbet.de
Versektung: Selbst	www.corbet.de

Diedesfeld ist der südlichste Ortsteil von Neustadt und liegt somit in der Mitte der Pfalz, an der Grenze zur Südlichen Weinstraße und im Schatten des geschichtsträchtigen Hambacher Schlosses. Lucas Corbet führt das Weingut gemeinsam mit seiner Frau Christina. Sein Urgroßvater stammte aus Frankreich und gründete 1882 den Betrieb in Maikammer. Großvater Rudolf Corbet verlegte den Sitz schließlich nach Diedesfeld und setzte bereits in den 1940er Jahren auf die Vermarktung von Flaschenwein. „Corbeau" heißt im Übrigen Rabe auf Französisch. Deshalb ziert dieser bis heute als Wappentier Kapseln und Etiketten des Hauses.

Die Sekte

Alle Sekte lagern mindestens 12 Monate auf der Hefe, die Cuvée Charlotte sogar 48. Auf den BSA verzichtet Lukas Corbet. Der Riesling brut duftet leicht nach Pfirsich mit pikanten Orangennoten. Er ist sehr saftig, seine ausgeprägte Säure sorgt für ordentlichen Speichelfluss. Etwas kernig und gleichzeitig mit exotischer Aromatik nach Ananas und Bananen kommt der Weißburgunder daher. Er ist pikant, hat einen feinen Säurenerv und Grip. Wie immer gut gelungen ist die Cuvée Charlotte aus Spätburgunder und Chardonnay. Sie fällt als 2015er etwas kraftvoller aus als in den Jahren zuvor, bleibt aber angenehm mit nussigen Briochenoten und Anklängen von Darjeeling-Blättern. Am Gaumen schön straff gut balanciert und trocken. Der pomelofarbene Rosé duftet aromatisch nach roten Früchten. Er ist würzig am Gaumen, rundum ein klassischer Spätburgunder-Typ.

87	2017 Riesling brut 11,50€
87	2017 Weißer Burgunder brut 11,50€
88	2015 Cuvée Charlotte brut nature 15€
86	2018 Pinot Rosé extra brut 12,50€

Inhaber: Dr. Peter Crusius
Kellermeister: Rebecca und Dr. Peter Crusius
Betriebsgröße: 22 ha
Sektanteil: 2 000 Flaschen
Terroir: Lösslehm mit Porphyr
Versektung: Singer-Fischer und
SM-SektManufaktur

Weingut Dr. Crusius
Hauptstr. 2
55595 Traisen
Tel.: 0671 33953
info@weingut-crusius.de
www.weingut-crusius.de

Das Familienweingut mit Wurzeln zurück bis ins Jahr 1576 wird heute in 13. Generation von Dr. Peter Crusius geführt. Es liegt in unmittelbarer Nachbarschaft zum Rotenfels, der höchsten Steilwand zwischen Alpen und Skandinavien. Promoviert hat Dr. Crusius über den Einfluß des Rebschnitts auf Menge und Güte des Leseguts. Ihm zur Seite steht sowohl seine Frau Birgitta, als auch die beiden Töchter Judith (Marketing und Export) und Rebecca (Außenbetrieb und Keller). Sein Vater Hans beendete in den 1950er Jahren den klassischen Gemischtbetrieb und begann mit 7,5 ha komplett auf Weinbau zu setzen.

Der Sekt

Bei aller Tradition ist Dr. Crusius ein experimentierfreudiges Weingut. Dies zeigt sich im Rebsorten-spiegel und auch bei den Sekten. Diese bleiben mengenmäßig eine Randerscheinung, sind aber stets für eine Überraschung gut. Rebecca Crusius legt Wert darauf mindestens einen, aber auch nie mehr als drei Schaumweine im Portfolio zu haben. Darüber entschieden wird im Laufe des Jahres in Abhängigkeit von der Witterung und Entwicklung. Zur Zeit ist bei Dr. Crusius nur der Traiser Riesling verfügbar. Dieser erinnert im Duft an einen aromatischen Riesling aus dem Elsaß, pikant auch am Gaumen, gleichzeitig säurebetont und würzig im Rückgeruch. Kultiger ist jedoch der Traiser Auxerrois brut nature. Dieser kommt erst 2021 wieder ins Programm. Die letzten frei im Umlauf befindlichen Flaschen des 2015er versprechen zupackenden, angenehm nussig-trockenen Trinkgenuß (89 Punkte).

86   2016 Traiser Riesling brut 13€

Pfalz

Dengler-Seyler

Inhaber: Familie Seyler
Kellermeister: Matthias Seyler
Betriebsgröße: 15 ha
Sektanteil: 6 000 Flaschen
Terroir: Löss
Versektung: Andres & Mugler

Weingut Dengler-Seyler
Weinstr. Süd 6
67487 Maikammer
Tel.: 06321 5103
weingut@dengler-seyler.de
www.dengler-seyler.de

Eva und Matthias Seyler bewirtschaften das sympathische Familienweingut im Herzen von Maikammer. Eyecatcher auf den Etiketten ist das klassizistische Weinbergshäuschen „Sonnentempel" auf dem Heiligenberg. Die beiden schätzen auch privat guten Schaumwein und lassen ihre eigenen Grundweine im Ort bei Andres & Mugler versekten. Von daher ist seit mittlerweile 20 Jahren die Cuvée Autumnus eine echte Institution. Gemeinsam mit einem Weiß- und einem Rotwein komplettiert er auf schäumende Art die vom Holz geprägte Autumnus-Trilogie. Wobei Matthias Seyler diese Würze zunehmend subtiler einsetzt.

Die Sekte

Die Vorhut bildet der Riesling brut mit Kräuternoten, grünem Apfel und einer Spur Salzigkeit. Für den Autumnus Sekt werden Chardonnay und Spätburgunder gemeinsam gelesen und zu 1/3 im großen Holzfass ausgebaut, es folgt ein 40-monatiges Hefelager. Der 2016er ist feinwürzig, erinnert an Mirabelle, und Stachelbeere mit einem Touch exotischer Gewürze. Am Gaumen vollmundig und kompakt.

87   Riesling brut (2017) 10,90€

87   2016 Cuvée Autumnus brut 14,20€

Nahe   Diel

Inhaber: Caroline Diel und Sylvain Taurisson-Diel
Kellermeister: Caroline Diel und Christoph Friedrich
Betriebsgröße: 25 ha
Sektanteil: 10 000 Flaschen
Terroir: Schiefer, Urgestein, Rotliegend,
Lösslehm, Kies
Versektung: Sektkellerei Sieben

Schlossgut Diel
Burg Layen 16
55452 Burg Layen
Tel.: 06721 96 950
schlossgut@diel.eu
www.diel.eu

Das Schloßgut Diel gehört zu den renommiertesten Adressen national und international. Die Weichen auf Erfolg stellte bereits ihr Vater Armin Diel, der darüber hinaus im Vorstand des VDP sowie als Weinkritiker Kultstatus erlangt hat. Seit ihrem Eintritt in 2006 pusht Caroline Diel das Weingut noch höher in die Championsleague. Sie gehört nämlich zu den wenigen Allroundern, die den deutschen vinologischen Fünfkampf ohne Schwächen meistert, auf jede Disziplin gleichermaßen Wert legt. Ihr gelingen Rieslinge trocken wie fruchtsüß, als auch weiße Burgunder, Spätburgunder und eben Sekte auf konstant hohem Niveau. Im Rahmen ihrer Praktika u.a. bei Rebholz, Weil und Jost aber auch während ihrer Zeit in Österreich, Bordeaux, Burgund, der Champagne, Südafrika und Neuseeland erlangte die diplomierte Önologin das entsprechende Praxiswissen. Caroline Diels Mann Sylvain Taurisson-Diel stammt aus Frankreich, ist ehemaliger Volleyball-Profi und leitet als studierter Betriebswirt Marketing und Vertrieb des Weinguts. Gemeinsam führen die beiden den Traditionsbetieb seit Sommer 2019.

Die Sekte

Genau wie die Weine, weisen auch die Sekte von Caroline Diel eine große Vielfalt hinsichtlich des Terroirs auf. Die Réserve kommt vom Schiefer und Lösslehm, im Goldloch herrschen Urgesteinsböden aus der Permzeit und Kiesel vor und die Cuvée MO stammt speziell vom Rotliegenden, ebenfalls mit Kieseinschlüssen. Die Boutique-Kollektion ist atemberaubend gut, degorgiert wird in kleinen Chargen, die individuell bezeichnet werden. Die beiden Rieslinge ergänzen sich dabei auf fantastische Weise. Während die Réserve wunderbar weich, reichhaltig, weinig aber gleichzeitig komplex und elegant daherkommt, präsentiert sich das Goldloch deutlich rauchiger. Es ist zupackend und straff, erinnert an Grapefruit und hat eine geniale Säurestruktur. Im Gedenken an ihre Mama Monika taufte Caroline Diel ihre Prestige Cuvée schlicht „MO". Sie besteht aus Pinot Blanc und Pinot Noir und hat eine faszinierende Grandezza. Sowohl frisch geöffnet als auch nach ausreichender Belüftung- dieser Sekt zeigt zu jedem Zeitpunkt seine volle Größe. Fantastische Tertiäraromatik nach Orange, Butterkaramell und Honig, jederzeit perfekte Balance und eine wahnsinnige Länge. Sehr bemerkenswert!

91	2013 Riesling Réserve extra brut 24€
92	2009 Goldloch Riesling extra brut 39€
93	2009 Cuvée MO brut nature 50€

Rheinhessen   Dreissigacker

Inhaber: Jochen Dreissigacker
Kellermeister: Achim Bicking
Betriebsgröße: 40 ha
Sektanteil: 7 000 Flaschen
Terroir: sandiger Lösslehm, Kalk, Ton
Versektung: Sektkellerei am Turm

Weingut Dreissigacker
In den Reben 1
67595 Bechtheim
Tel.: 06242 2425
info@dreissigacker-wein.de
www.dreissigacker-wein.de

Jochen Dreissigacker geht seinen Weg. Eigentlich sollte sein älterer Bruder Christian das elterliche Weingut mit Wurzeln bis zurück ins Jahr 1728 übernehmen. Jochen dagegen wurde von den Eltern eine Ausbildung zum Steuerberater nahegelegt. Die zog er durch, schloß aber stante pede eine Winzerlehre an und setzte auch gleich den Weinbautechniker drauf. Hochmotiviert und unbeirrt begann er den Betrieb nach seinen Träumen zu prägen. Er setzte auf Riesling und ökologischen Weinbau, reduzierte den Rotweinanteil und machte Schluß mit den allermeisten der restsüßen

Weine. Seinen letzten Coup realisierte er 2018 mit dem Neubau des Kellereigebäudes inmitten der Bechtheimer Weinberge- und zum Teil in sie hinein. Das konzeptionell bis ins kleinste Detail durchdachte Objekt ist in puncto Umweltbewusstsein State of the Art und lohnt allein den Besuch. Der Wein wird nicht gepumpt- er folgt der Schwerkraft, die Erde kühlt das Gebäude, mit dem Trester werden die 3800 m² geheizt und der Strom wird durch Photovoltaik erzeugt- das war nur die Schnellversion.

Die Sekte

Beide Sekte werden vor dem Hefelager lange auf der Vollhefe im Tonneau ausgebaut. Der Chardonnay ist sehr gekonnt gemacht. Bereits in der Nase wirkt er zurückhaltend und elitär. Er ist rauchig, mit Aromen nach Grapefruit und perfekt eingebundener Oxidationsnote. Am Gaumen focussiert auf die griffige Säure- Vorbild Champagne. Aus dem gleichen Holz ist sein Bruder, der reinsortig aus Spätburgunder bereitete Pinot brut nature geschnitzt. Zwiebelschale in der Farbe, ebenfalls oxidativer Charakter. Er zeigt deutliche Brioche- und zarte Waldbeerennoten, mit etwas Entwicklung reife Erdbeeren im Duft, hat eine lockende Säure, ist elegant und macht einfach Spaß.

90	2016 Chardonnay brut 18,50€
91	2014 Pinot brut nature 22,50€

Nahe   Emrich-Schönleber

Inhaber: Frank Schönleber
Kellermeister: Frank Schönleber
Betriebsgröße: 20 ha
Sektanteil: 6 000 Flaschen
Terroir: Blauschiefer und Quarzit
Versektung: Selbst

Weingut Emrich-Schönleber
Soonwaldstr. 10a
55569 Monzingen
Tel.: 06751 2733
weingut@emrich-schoenleber.de
www.emrich-schoenleber.de

Emrich-Schönleber ist eine kultige Institution für Lagenrieslinge an der oberen Nahe. Halenberg, Frühlingsplätzchen und Auf der Ley werden von Rieslingfans weltweit in einem Atemzug mit den Schönlebers genannt. Entsprechend dominiert der Riesling das Sortenspektrum mit 85% deutlich, wird aber durch Grau- und Weißburgunder flankiert. Die Lage am westlichen Rand des Anbaugebiets mit der Nähe zu großen Waldgebieten einerseits- sowie knapp 1900 Stunden Sonnenschein und die Flucht in Steillagen mit bis zu 70% Hangneigung lassen hochspannende Weine entstehen. Die Aufgabenteilung bei den beiden Männern ist schwerpunktmäßig Folgende: Vater Werner kümmert sich um den Außenbetrieb, Sohn Frank ist ab Herbst hauptsächlich im Keller. Ihre Qualitätsphilosophie insgesamt ist schlicht und prägnant: Authentizität, Lagencharakter und Trinkspaß – was will man mehr?

Die Sekte

Bei den beiden Sekten setzt Frank Schönleber auf Ganztraubenpressung und äußerst schonenden Pressdruck. Aus 100 kg Trauben holt er 55 l Most heraus. Dieser wird mit Reinzuchthefen vergoren, im Edelstahl und teilweise im Holz ausgebaut. Der Riesling unterläuft keinem Säureabbau, der Weißburgunder macht BSA. Mit typischer Aromatik nach Steinobst und Agrumen präsentiert sich der Riesling klassisch. Er ist mittelgewichtig, hat eine gute Balance, ist sehr angenehm durch seine pikante Säure. Der Weißburgunder zeigt einen ebenfalls stereotypischen Blanc de Blancs-Charakter mit gelben Früchten, fest, nussig, dezent bitter, rauchig und pikanter Säure.

| 87 | NV Riesling brut 16€ |
| 89 | NV Weißburgunder brut 16€ |

Rheinhessen

Eppelmann

Inhaber: Familie Eppelmann
Kellermeister: Corinna, Christian
und Timo Eppelmann
Betriebsgröße: 20 ha
Sektanteil: 4 000 Flaschen
Terroir: Kalk und Terra Fusca
Versektung: Sektkellerei Großwinternheim

Weingut Eppelmann
Kirchgasse 10
55271 Stadecken-Elsheim
Tel.: 06136 2778
info@eppelmann.de
www.eppelmann.de

Das Weingut Eppelmann ist ein durch und durch junger Betrieb. Die Historie ist nicht älter als unser erster Fußball-WM Titel und deshalb bringen sich alle drei Generationen auch voll mit ein. Opa Udo mit Ehefrau Elisabeth stellte den Gemischtbetrieb auf Weinbau um und baute ein umfangreiches nationales Netz für den Direktvertrieb auf. Dieses pflegen die beiden bis heute reiselustig, packen aber immer noch direkt mit an. Timo und Simone bilden den sogenannten Mittelbau. Er als Allrounder- auch im Keller, sie für Organisation und Gästebetreuung. Ihre Kinder Corinna und Christian sind beide Anfang 20, studieren in Geisenheim und prägen das Profil in allen Bereichen schon voll mit. Zur Zeit befindet sich das Weingut in der Umstellung für biologische Bewirtschaftung, es findet eine Konzentration auf Burgunder,internationale Rotweinsorten und Rieslinge statt. Dies in den besten Lagen des Selztals.

Die Sekte

Auch hier findet momentan eher eine Straffung als ein Ausbau des Sortiments statt. Der Plan ist, sich zunächst nur noch auf Riesling und Pinot zu fokussieren sowie dabei das Hefelager zu verlängern. Ergänzend setzen die Eppelmanns weiterhin auf Frische. Sie vergären kontrolliert- den Riesling bauen Sie reduktiv, die weißen Burgundersorten im Tonneau aus. Entsprechend animierend wirkt der Riesling auch. Sortentypisch nach Steinobst aber auch Darjeeling, vielschichtig mit anständig Säure. Der Pinot erinnert an knackige Äpfel, gelbe Früchte und zeigt eine Spur Marzipan. Er hat ein feines Spiel, schöne Frucht und ist zart- im ebenfalls fruchtigen Nachhall taucht erneut der Apfel auf, macht Spaß.

88	2017 Riesling brut 15€
87	2017 Pinot brut nature 15€

Rheinhessen

Espenhof

Inhaber: Wilfried und Nico Espenschied
Kellermeister: Nico Espenschied
Betriebsgröße: 30 ha
Sektanteil: 20 000 Flaschen
Terroir: Kalk, Sandstein und Rotliegendes mit dünner Auflage
Versektung: Im Wesentlichen selbst

Weingut Espenhof
Hauptstr. 81
55237 Flonheim
Tel.: 06734 94040
weingut@espenhof.de
www.espenhof.de

Bis 1976 war der Espenhof, dessen Geschichte eigentlich bis ins 17. Jahrhundert zurückreicht ein klassischer Gemischtbetrieb mit dem Dreiklang aus Vieh-, Acker- und Weinwirtschaft. Wilfried Espenschied hat aus 4 ha Weinbergen zunächst ein reines Weingut geschaffen. Er führt es mit seinem Sohn Nico, der 2012 nach seiner Ausbildung und Aufenthalten im Burgund, Washington und Ungarn zunehmend den Keller verantwortet. In einem zugekauften Gebäude um die Ecke betreibt die Familie zudem ein Hotel mit Restaurant, der Akkord ist also wieder dreistimmig.

Die Sekte

Die Linie Lena Marie, benannt nach Nicos Schwester, etablierte Wilfried Espenschied bereits in den 1980er Jahren. Sie steht für klassisch hergestellte Winzersekte mit mindestens zweijährigem Hefelager. Sie sind spontan vergoren, die Burgunder durchlaufen in der Regel den BSA. Der Lagenriesling imponiert mit einer schönen Reife des Grundweins. Darüber schwebt, sphärisch eine elegante Mineralität und Säure. Er zeigt eine gute Konzentration und hat Länge. Der Vergleich sei verziehen und er soll auch nicht provozieren, aber die Assoziation zum Blanc de Blancs ist Sparkling Monbazillac. Tatsächlich zeigt die Jahrgangscuvée aus 2012, 2013 und 2014 genau die pikante Aromenfülle des französischen Süßwein: Gelbe Früchte v.a. Melone, Honig und Nüsse. Natürlich trocken am Gaumen, aromatisch und passend zu mildem Blauschimmelkäse. Darüber hinaus hat Nico Espenschied eine eigene Kollektion mit Naturweinen, darunter einem Schaumwein ins Leben gerufen. Für diesen gilt: Nomen est omen: Der helle Pét Nat mit grünlichen Reflexen duftet gefährlich nach guter Limonade mit Melissenblättchen. Er hat eine tolle, aromatische Frucht, ist supertrocken und lockt mit unglaublichem Trinkfluß. Kein Wunder, den Scheurebe-Klon dafür hat Nico Espenschied vom legendären Hans-Günther Schwarz. Er ist kleinbeeriger, kleintraubiger und hat eine dezenter ausgeprägte Aromatik.

88	2017 Riesling brut La Roche Lena Marie 14€
87	2012/13/14 Blanc de Blancs Réserve brut nature Lena Marie 18€
88	2017 Scheurebe brut nature „Weiße Brause" Pét Nat 15€

Pfalz

Eymann

Inhaber: Rainer Eymann
Kellermeister: Vincent Eymann
und Sebastian Schumacher
Betriebsgröße: 17,5 ha
Sektanteil: 15-20 000 Flaschen
Terroir: Löss und kalkreiche Böden
Versektung: Strauch Sektmanufaktur

Weingut Eymann
Ludwigstraße 35
67161Gönnheim
Tel.: 06322 2808
info@weinguteymann.de
www.weingut-eymann.de

Rainer Eymann ist ein absolutes Urgestein was biologische Wirtschaftsweise angeht. Seit 1982 arbeitet der Betrieb ökologisch, die letzten 14 Jahre sogar biodynamisch. Das Zepter hat er mittlerweile an seinen Sohn Vincent weiter gereicht, schwingt aber in der gutseigenen Weinstube dafür den Kochlöffel. Als Qualitätsfanatiker überlässt Vincent Eymann gerade den Sekt betreffend nichts dem Zufall und ist eindeutig von der Champagne inspiriert: Hohe Pflanzdichte und spätreifende Klone mit intensiver Säure. Alle Grundweine werden spontan vergoren, durchlaufen den biologischen Säureabbau und kommen mit geringstem Schwefeleinsatz aus.

Die Sekte

Riesling, Blanc de Noir und Pinot Noir Rosé bilden die Basis des Sortiments, das der Regel zu 2/3 im großen Holz und 1/3 im Barrique ausgebaut wird. Alle drei sind zusätzlich auch in der Magnumflasche erhältlich. Der Riesling ist zu Beginn etwas verhalten, braucht wie alle Eymann Sekte viel Belüftung. Dann aber bietet er mit seiner grandiosen Säure und der dezenten Oxidationsnote wie gewohnt besten Trinkfluss. Mit einem Anteil von jeweils 50 % großem und kleinem Holzfass und mindestens 30 Monaten auf der Hefe kommt der Blanc de Blancs auf den Markt. Der reine Chardonnay präsentiert sich äußerst feinfruchtig und sehr elegant mit kräutrigem Unterton. Ein leichterer Vertreter dieses Stils, ein Hauch Oxidation, stille Perfektion. Dies gilt auch für den Vintage 2011. Bis zur Vermarktung hat der Blend aus 50 % Spätburgunder, 30 % Chardonnay und 20 % Weißburgunder bereits ein Jahr im Fass, in der neuen Charge mittlerweile 85 Monate Hefelager und rund ein halbes Jahr Flaschenreife hinter sich. Die frischen grünen Fruchtnoten werden nun etwas dezenter, paaren sich aber immer noch genial mit der ausgewogenen Röstaromatik. Ein sehr feiner Schaumwein mit einer enormen und saftigen Länge der nicht unterschätzt werden sollte. Der Blanc de Noirs hat einen leichten Rosé-Touch und animiert mit saftigen Noten nach Blutorange und roten Früchten. Gleichzeitig ist er leicht rauchig und zeigt oxidative Noten in perfekter Intensität. Den Rosé kann man schnell falsch einschätzen. Frisch geöffnet bleibt er lange disharmonisch und abgewandt, wird aber nach einigen Stunden megakomplex und extrem elegant. Mit seiner pointierten und genialen Säure bildet er einen perfekten Kontrapunkt zu Fisch oder Meeresfrüchten mit ordentlich Knoblauch. Unbedingt Zeit geben.

89	NV Riesling extra brut 16,90€
90	NV Blanc de Blancs Réserve brut nature 32€
91	2011 Vintage brut nature 37€

89   NV Blanc de Noirs extra brut 17,90€

91   NV Pinot Noir Rosé brut 17,90€

Pfalz   Fitz-Ritter

Inhaber: Johann Fitz	Weingut Fitz-Ritter & Sektkellerei Fitz KG
Kellermeister Sekt: Max Fisch	Weinstr. Nord 51
Betriebsgröße: 25 ha	67098 Bad Dürkheim
Sektanteil 60 000 Flaschen	Tel.: 06322 5389
Terroir: Sand, Lehm, Kalk	info@fitz-ritter.de
Versektung: Großteils selbst, in Umstellung	www.fitz-ritter.de

Der Familienbetrieb in neunter Generation ist eines der ältesten Weingüter der Pfalz und das zweit-älteste Sektgut Deutschlands. Zu verdanken hat Johann Fitz das seinem Vorfahr Johannes Fitz. Dieser schwenkte als Aktivist beim Hambacher Fest 1832 so heftig die Fahne, dass er ins Exil nach Reims musste. Dort lernte er den Champagner lieben und kehrte mit einem französischen Kellermeister zurück. Über seinen Cousin Georg, der noch unbescholten war, gründete er fünf Jahre später den Betrieb und wurde ironischerweise sogar Hoflieferant. Um den Ansprüchen auch in Zukunft gerecht zu bleiben ist ein modernes Kelterhaus geplant. Die weitläufigen Keller sollen als Reifelager dienen, jeder Produktionsschritt zunehmend ins eigene Haus zurückgeholt werden.

Die Sekte

Seit Johann Fitz 2007 das Steuer übernahm setzte er den Qualitätsgedanken konsequent um. Er machte Schluss mit der Tankgärung im gehobenen Bereich, entwickelt sich hin zu immer niedrigeren Schwefelwerten, früherer Lese und verlängertem Hefelager. Schlank mit Zitrusnoten eröffnet der Lagenriesling das Portfolio. Angenehme 11,5 % Alkohol, trotzdem lang und mineralisch mit einer dezenten Salzigkeit ist er seriös und erfrischend gleichermaßen. Der Weißburgunder ist ein rauchiger Typ, zupackend und straff. Der Chardonnay stammt zu 20 % aus dem Tonneau. Dies verleiht ihm eine schöne Komplexität mit einem Tick Marzipan. Weißburgunder, Grauburgunder und Chardonnay vermählt Johann Fitz zu seinem Dauerbrenner Palatinum. Eleganter als sein Vorgänger aus 2014, mit feinwürzigem Duft nach Steinobst, insgesamt fruchtig und animierend. Auch mit dem Rosé aus 2018 bewegt sich Johann Fitz auf dem guten Weg hin zu einem schlankeren Stil. Dieser lockt mit Fruchtnoten wie Schattenmorellen und einem Tick Würze. Er ist sehr komplex und elegant und bietet eine ätherische Kühle.

88   2016 Riesling brut Dürkheimer Hochbenn 14€

87   2017 Weißer Burgunder brut 14€

88   2017 Chardonnay brut Dürkheimer Abtsfronhof Crémant Pfalz 19€

88   2018 Palatinum Pinot Cuvée brut 18€

88   2018 Pinot Rosé brut 18€

Rheinhessen   Flik

Inhaber: Rüdiger Flik und Liubov Amusina
Kellermeister: Rüdiger Flik
Betriebsgröße: 1 ha
Sektanteil: 15 000 Flaschen
Terroir: Rote Tonschiefer-Verwitterung, Kalk,
Lösslehm, Mergel
Versektung: Selbst

FLIK Sektmanufaktur
Marienhofstrasse 1
55130 Mainz
Tel.: 06131 1446755
info@flik.de
www.flik.de

Der Betrieb von Rüdiger Flik und seiner Frau Dr. Liubov Amusina wurde erst 2011 gegründet und gehört somit zu den jüngsten und kleinsten der hier vorgestellten Adressen. Welpenschutz hat er dabei aber nicht nötig. Rüdiger Flik ist Quereinsteiger, dessen Leidenschaft im Rahmen eines Praktikums bei Bernhard Huber entbrannte und ihn dazu inspirierte in Geisenheim Önologie zu studieren. Dort entwickelte er auch den Traum eine Sektmanufaktur zu gründen. Seine Frau ist Ärztin, hat aber auch die Kunsthochschule in Sankt Petersburg besucht. Sie schuf den Eyecatcher auf den Etiketten: die Libelle. Diese verkörpert die Metamorphose vom Wein zum Sekt, sowie dessen vibrierenden, flirrenden Charakter. 2016 bezogen die beiden die Räumlichkeiten des Marienhofs im Stadtteil Laubenheim. Von 1850 bis 1855 befand sich hier die Wiege der Sektkellerei Kupferberg, kultiger geht es für ein Sekt-Start-up nicht

Die Sekte

Rüdiger Flik baut seine Weine auf der Vollhefe im Stückfass oder Barrique aus. Teilweise bezieht er diese bis heute noch von Huber aus Malterdingen. Der BSA ist obligatorisch, jedes Label farblich und vom Design individuell auf das jeweilige Produkt abgestimmt. Die beiden weißen Burgundersekte sind im Auftakt kraftvoll und würzig. Der Chardonnay pikant nach Pomelo, Honig und Blüten mit perfekt dosierter Würze und einem unglaublichen Mousseux. Sein Bruder punktet mit einem ganzen Füllhorn an Aromen. Tatsächlich Apfeltarte, aber auch Tannenhonig, geröstete Mandeln, Melone und, je nach Glasform, ein Hauch Pfeffer. Am Gaumen fruchtiger mit ordentlich Volumen und Power. David ist eine Cuvée aus Pinot Noir, Chardonnay und Pinot Meunier. Sie erscheint rotgolden, ist rauchig mit intensivem Brioche- und Beerenaroma. Im Hintergrund schwingt etwas Koriander mit, insgesamt pikant, cool, trocken- der schlankste Flik. Der Blanc de Noirs aus 100% Spätburgunder lebt von der Spannung zwischen balsamischer Würze und lebendiger Säure. Je nach Kuppa steht er entweder mehr auf der fruchtigen Seite, erinnert an Erdbeeren und Orange oder kommt aromatischer herüber, nach Honig und Holz. Ganz ähnlich in der Charakteristik ist der Rosé. Melonenfarben, mit Duft von Orangeat und Haselnüssen, wie alle Flik-Sekte mit spürbarem Holz. Im schlanken Glas komplex, deutliche Würze, dezent bitter, lang.

88   NV Chardonnay brut 14,90€

87   NV Auxerrois brut 16,50€

88   NV Cuvée David brut nature 18,90€

51

87   NV Blanc de Noirs brut 17,50€

88   NV Pinot Noir Rosé Suavium Kuss der Liebenden extra brut 22,50€

Pfalz   Gabel

Inhaber: Oliver und Wolfgang Gabel   Weingut Gabel
Kellermeister: Oliver Gabel   Weinstr. 45
Betriebsgröße: 21 ha   67273 Herxheim am Berg
Sektanteil: 12 000 Flaschen   Tel.: 06353 7462
Terroir: Kalk   wein@weingut-gabel.de
Versektung: Verschiedene   www.weingut-gabel.de

1655 kam der Südtiroler Caspar Gabel in die Pfalz nach Herxheim und gründete das Weingut. 12 Generationen später sind es Oliver Gabel und seine Schwester Lisa, die den Betrieb führen. Nicht ganz so alt sind die Lagrein-Reben aus welchen die Hommage an den Urahn bereitet wird. Dieser wird, wie viele andere Weine des Geschwisterpaares in Fässern ausgebaut, die über 100 Jahre auf dem Buckel haben. Seit 2014 prägt Oliver den Stil des Hauses, hat sich in Baden, Bordeaux, Burgund und Südafrika inspirieren lassen. Seine Schwester hat Weinmarketing studiert und schmeißt von daher das Marketing, den Verkauf und teilweise auch den Keller.

Die Sekte

Vor 7 Jahren hat Oliver Gabel die Philosophie im Sektbereich vollständig geändert. Er will weg vom frischen und fruchtigen Stil, hat den Riesling aus dem Programm genommen und setzt voll auf die Burgunderfamilie. Die Weine werden durchweg spontan vergoren, im Holz ausgebaut, einem langen Hefelager unterzogen und extrem wenig geschwefelt. Der Blanc de Blancs ist ein reiner Weißburgunder aus dem Tonneau. Er hat Power, eine feine Oxidationsnote und viel Säure. Insgesamt ist er ein Stereotyp für diesen Stil. Der Rosé duftet leicht buttrig nach Steinobst, ist schlank trotz holziger Würze. Im Rückgeruch kommen Honig- und Nusstöne auf.

89   NV Blanc de Blancs brut nature 18,50€

86   Pinot Rosé brut 12,50€

 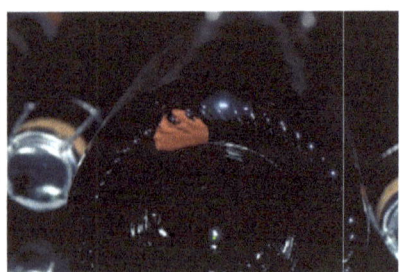

Rheinhessen   Gehring

Inhaber: Diana und Theo Gehring   Weingut Gehring
Kellermeister: Theo Gehring   Außerhalb 17
Betriebsgröße: 12 ha   55283 Nierstein
Sektanteil: 10 000 Flaschen   Tel.: 06133 5470
Terroir: Löss und roter Tonschiefer-Verwitterung   info@weingut-gehring.com
Versektung: Sektkellerei am Turm   www.weingut-gehring.de

Die Familie Gehring stammt ursprünglich von der Schwäbischen Alb. Die Großeltern von Theo Gehring waren Küfer und siedelten sich in Nierstein an, um die dortigen Kellereien mit ihren Fässern zu versorgen. Eine eigene Weinbereitung lief nur im Nebenerwerb. Mit dem Strukturwandel und der nachlassenden Nachfrage für Holzgebinde gewann diese jedoch zunehmend an Bedeutung. 2001 erfolgte der Wegzug aus dem Ortskern auf den großzügigen Aussiedlerhof. Hier betreibt die Familie heute das Lokal Weinwirtschaft und eine Eventlocation. Darüber hinaus bieten die Gehrings Ferienwohnungen und Wohnwagenstellplätze mit Blick weit ins Mainzer Becken hinein an.

Die Sekte

Sekt bedeutet für die Gehrings neben der Ergänzung des Weinsortiments Genuss und Spaß. Er soll sowohl zum Feiern geeignet sein als auch ein Menu den ganzen Abend über begleiten dürfen. Der Riesling ohne Jahrgangsangabe wurde kontrolliert im Edelstahl vergoren. Er zeigt eine reifere, animierende Rieslingnase, die von Zitrusaromen geprägt wird sowie grüne Noten. Er ist süffig dosiert, gefällt. Dies nicht zuletzt aufgrund des sympathischen Preis-Genuß-Verhältnisses. Der Lagensekt aus 2017 ist dunkler, nussiger und ernsthafter als sein kleiner Bruder. Er wurde teilweise spontan und im großen Holzfass vergoren und punktet mit einer schönen Balance zwischen Säure und Körper. Beide zeigen den gleichen angenehm-floralen Touch im Rückgeruch.

87   NV Riesling brut 9,90€

88   2017 Riesling brut nature Niersteiner Schloß Schwabsburg 14,90€

Rheinhessen   Geil

Inhaber: Familie Geil   Geils Sekt- und Weingut
Kellermeister: Florian Rudolf Geil   Zeller Straße 8
Betriebsgröße: 14 ha   67593 Bermersheim
Sektanteil: 5-6 000 Flaschen   Tel.: 06244 4413
Terroir: Lösslehm, Kalk   mail@geils.de
Versektung: Vinocare   www.geils.de

Die Familie Geil betreibt seit mindestens 300 Jahren Weinbau. Ursprünglich in Niederflörsheim, stellte Großvater Rudolf den Gemischtbetrieb auf reine Flaschenweinvermarktung um. Vater Rudolf verlegte den Betrieb schließlich ins benachbarte Bermersheim, den Wohnort seiner Frau Birgit.

Im Keller trägt Junior Florian Rudolf Geil die Hauptverantwortung. Er hat in Geisenheim studiert, Erfahrungen an der Côte d'Or gesammelt und ist deshalb v. a. stark auf Burgunder fokussiert, brilliert aber auch mit Lagenrieslingen.

Die Sekte

Dies zeigt sich auch bei den Sekten. Lese in kleinen Kisten, Ganztraubenpressung, vor allem aber die ausschließliche Nutzung des Mittelstücks bzw. die penible Trennung gegenüber dem Vorlauf sind hier Programm. Die Gärung findet je nach Gegebenheit spontan oder mit Reinzuchthefen, der Ausbau im Holz oder Edelstahl statt. Nach dem BSA liegen die Grundweine bis zum Sommer auf der Vollhefe. Der Weißburgunder legt einen rebellischen Start hin: Reife Birne und Amarettini, sehr saftig, viel Frucht mit erdiger Würze. Insgesamt ein Wild Thing. Der Pinot 3 verlangt nach Belüftung. Die Cuvée aus Spät-, Weiß- und Grauburgunder duftet zu Beginn würzig nach Apfel und Safran, wird mit der Zeit harmonischer, entwickelt dann zunehmend fruchtige Noten. Er baut Druck auf, bleibt dabei gut balanciert mit einer schönen Säure und ist lecker trocken. Als 2016er ist der aktuelle Blanc de Noirs noch sommerlich frisch nach Holunderblüten mit einem Unterton von gutem Zitroneneistee. Fruchtig-animierend, dezent würzig, ein sehr schöner, typischer Blanc de Noirs. Darüber hinaus lohnt hier auch eine längere Lagerung auf der Flasche. Kürzlich zeigten sich im Rahmen einer Vertikale der 2012er und vor allem der 2009er erstaunlich harmonisch und quicklebendig. Der Rosé, ebenfalls aus Spätburgunder und Schwarzriesling, ist sehr hell, erinnert optisch an einen Blanc de Noirs. Er duftet dezent nach Erdbeeren mit einem Hauch Koriander-Würze. Am Gaumen balsamisch, schmeichelnd und rund.

88	2016 Weißer Burgunder brut 15,30€
88	2016 Pinot 3 brut nature 20,30€
88	2016 Blanc de Noirs brut 16,60€
87	2016 Rosé brut 15,30€

Pfalz   Gies-Düppel

Inhaber: Volker Gies

Kellermeister: Volker Gies

Betriebsgröße: 20 ha

Sektanteil: 3 000 Flaschen

Terroir: Kalk und Kalkmergel

Versektung: Martinushof

Weingut Gies-Düppel

Am Rosenberg 5

76831 Birkweiler

Tel.: 06345 919156

info@gies-dueppel.de

www.gies-dueppel.de

Der Betrieb liegt etwas erhaben auf dem Rosenberg über dem beschaulichen Birkweiler in der typisch südpfälzischen Hügellandschaft. Seit 1999 leitet Volker Gies das Weingut. Innerhalb dieser Zeit hat er die Fläche von ehemals 6,5 ha eben mal verdreifacht und ist Mitbegründer des Winzerzusammenschlusses Südpfalz Connexion. Er ist spezialisiert auf Riesling und Spätburgunder.

Der Sekt

Dennoch ist der zurzeit einzige Sekt des Hauses eine Cuvée aus Weißburgunder und Chardonnay. Er wächst auf Muschel- und Landschneckenkalk, zum Teil an der kleinen Kalmit. Volker Gies baut ihn zu einem Drittel im Holz aus, lässt den BSA zu und gibt ihm 2 Jahre Hefelager. Frisch geöffnet herrschen sortentypische Birnen- und Apfelnoten vor, nach Belüftung wird das Ganze runder und nussiger ohne Eleganz zu verlieren. Sehr lang im Nachhall.

88   2017 Weißburgunder & Chardonnay brut nature 14€

Rheinhessen   Gröhl

Inhaber: Eckehart Gröhl	Weingut Eckehart Gröhl
Kellermeister: Eckehart Gröhl	Uelversheimer Straße 4
Betriebsgröße: 25 ha	55278 Weinolsheim
Sektanteil: 20 000 Flaschen	Tel.: 06249 809000
Terroir: Lehmlöss, Tonsandstein, Kalk	info@weingut-groehl.de
Versektung: Degorgement durch Singer-Fischer	www.weingut-groehl.de

Eckehart Gröhl betreibt in der 12. Generation Weinbau. Die Wurzeln des Betriebs einige Kilometer hinter der Rheinfront reichen stolz zurück bis ins Jahr 1625. Seine beiden Kinder sind sukzessive dabei das Ruder zu übernehmen. Franziska kümmert sich um das Marketing und die Kundenpflege. Johannes, der u.a. bei Rings in Freinsheim gelernt hat, betreut selbstständig bestimmte Parzellen bzw. verantwortet zunehmend eigene Weine. Beim Sekt will er weg von der deutschen Typizität der 1980er Jahre, setzt mehr und mehr auf den Ausbau im Holz und längeres Hefelager. Die beiden der neuen Generation bezeichnen sich selbst folgerichtig als die „Wilde Dreizehn".

Die Sekte

Das Sortiment der Gröhl-Sekte umfasst insgesamt 7 Produkte, seit einigen Monaten in neu überarbeitetem schwarzen Outfit. Von der Philosophie her sollen sich die drei Burgundersekte brut bzw. brut nature jedoch nach oben hin absetzen. Allesamt wurden sie früh gelesen und durchlaufen in der Regel einen BSA. Aufgrund ihrer barocken Fülle empfehlen sie sich als Speisenbegleiter. Der Pinot Blanc aus Weißburgunder mit etwas Grauburgunder trägt keinen Jahrgang, stammt aber aus 2016. Er wirkt in der Nase balsamisch und verströmt Wachs- und Honignoten, ist druckvoll, intensiv, sehr lang und hat einen leichten, angenehmen Bitterton. Der Blanc de Blancs aus Chardonnay und Weißburgunder hat 36 Monate Hefelager. Er hat eine voluminös fruchtige und würzige Nase nach Kamille, reifem Obst, v.a. Banane und Malz. Aufgrund seiner Konzentration und Extraktsüße passt er zu mildem Schimmelkäse. Cuvée Pure ist die Vorlese vom Spätburgunder aus dem Oppenheimer Herrenberg und der Niersteiner Hölle. Er duftet würzig nach Erdbeeren, hat eine reife fruchtige Art mit nussigem Unterton. Er geht bei einer Käseplatte sogar als Allrounder, besonders aber zu würzigen Schnittkäsen.

87	NV Pinot Blanc brut 12,90€
87	2016 Blanc de Blancs 19€
86	NV Cuvée Pure brut nature 14,90€

Rheinhessen   Gutzler

Inhaber: Christine und Michael Gutzler

Kellermeister: Michael Gutzler

Betriebsgröße: 16 ha

Sektanteil: 6-7 000 Flaschen

Terroir: Löss mit Sand und Kalk, Kalkmergel

Versektung: Selbst

Weingut Gutzler

Roßgasse 19

67599 Gundheim

Tel.: 06244 905221

info@gutzler.de

www.gutzler.de

Mit Liebe zum Detail führen Michael und seine Frau Christine Gutzler die Qualitätsoffensive fort, welche Michaels Vater Gerhard vor über 35 Jahren begann. Er erkannte das Potential der Lagen um Gundheim im Wonnegau, setzte auf Riesling und Spätburgunder, initiierte eine kleine Brennerei sowie eine Sektmanufaktur. Für ihr technisches Equipment reiste er mit dem befreundeten Winzer Arno Schembs bereits Anfang der 1980er Jahre in die Champagne um u.a. das Eisbad oder den Entkorker zu kaufen. Der schmucke, aus aufbereiteten Ziegeln bestehende Gewölbekeller bringt die Philosophie des Betriebs zum Ausdruck: Bescheidenheit, Fleiß und Bodenständigkeit.

Die Sekte

Das Sortiment ist klein, aber sehr stark. Michael Gutzler setzt bei seinen Grundweinen auf spezielle Sektklone und auf eine frühe Lese. Er belässt sie nach der Gärung auf der Vollhefe und ohne Schwefel ein Jahr im Holz, den BSA versucht er dabei zu vermeiden. Degorgiert werden stets kleinste Chargen zu 300- 500 Flaschen. Für die Dosage verwendet er Große Gewächse wie Morstein oder Kirchenstück als Basis. Der Riesling ist fantastisch dazu geeignet mit unterschiedlichen Gläsern zu spielen. Eine voluminösere Kuppa lässt ihn sehr fein und ausgewogen erscheinen. Wer Säurefetischist ist, der greife zu einem schlanken taillierten Glas und gebe sich dem Kick und der Mineralität hin. Frisch geöffnet wirkt der Chardonnay noch verhalten, jedoch mit differenziertem Duft nach Apfel und Honig, sowie leicht buttrig. Am Gaumen explodiert er sprichwörtlich, sämtliche Komponenten intensivieren sich und es kommen Aromen nach Streuseln und Vanille dazu ohne breit zu wirken. Dagegen steht nämlich eine Säure, die sämtliche Lebensgeister wirkt. Ein sehr guter Sekt. Auch der Rosé verlangt danach aus einem Weinglas getrunken zu werden. Er ist hell, mit orangefarbenen Reflexen, duftet nach englischer Marmelade mit kontrastierenden Holznoten. Insgesamt kompromisslos mit dezenten Oxidationsnoten im Abgang.

88	2015 Riesling brut 15€
90	2014 Chardonnay extra brut 15€
89	2013 Pinot Noir Rosé brut 15€

Rheinhessen   Gysler

Inhaber: Alexander Gysler

Kellermeister: Alexander Gysler

Betriebsgröße: 12,5 ha

Sektanteil: 5 000 Flaschen

Terroir: Rotliegend

Versektung: Wagner Vinocare

Weingut Alexander Gysler

Großer Spitzenberg 8

55232 Alzey-Weinheim

Tel.:06731 41266

info@weingut-gysler.de

www.alexander-gysler.de

Ein weiteres gelungenes Beispiel für die Spezialisierung eines Mischbetriebs auf Weinbau. Sein Opa machte Schluss mit der Viehwirtschaft, sein Vater beendete die Landwirtschaft und setzte auf naturnah erzeugten Flaschenwein. Nach dessen Tod 1999 übernahm Alexander Gysler die Leitung des Weinguts. Dieses liegt in Weinheim, östlich der Autobahnbrücke, die bei Alzey das Selztal überquert. Mit etwa 280 Höhenmetern und äußerst windexponiert gilt die Region als eine der kühlsten Ecken in Rheinhessen. Hier setzt Alexander Gysler auf klassische Rebsorten und mutig auf biodynamischen Weinbau. Seine Weine sind seit Jahren bei Demeter zertifiziert.

Die Sekte

Beim Ausbau der Sektgrundweine legt Alexander Gysler Wert auf Diversität. In der Regel stammt ein Drittel aus dem Edelstahl, der Rest verteilt sich auf große Holzfässer und Barriques. Vor allem dem Riesling fällt es leicht seine Fangemeinde zu finden. Dezente Reifenoten, Orange und Pfirsich in der Nase, ohne Dosage, aber mit 10g spontaner Restsüße sowie einer vibrierenden Säure ist er im besten Sinne gefährlich trinkig. Einen völlig anderen Ansatz hat der leicht getönte Blanc de Noirs aus 100% Spätburgunder. Er ist ein superstraffer, schnörkelloser Vertreter dieses Stils. Rauchige Erdbeeraromatik, etwas Rhabarber, homöopathisch Mokka- ganz präzise gearbeitet, lang. Besser aus einem schlanken Glas, aber auf keinen Fall zu unterschätzen. Im Pét Nat verbinden sich die positiven Attribute der beiden Vorgänger. Johannisbeere in der Farbe, ebenfalls rauchige Beerennoten, feinfruchtig und Trinkfluss ohne Ende.

88   2015 Riesling brut 16€

89   2015 Pinot Blanc de Noirs brut 16€

88   2018 Pét Nat Spätburgunder 18€

Inhaber: Familie Linxweiler
Kellermeister: Johannes Linxweiler
Betriebsgröße: 15 ha
Sektanteil: 10 000 Flaschen
Terroir: Sandstein und z.T. Schiefer
Versektung: Wein- und Sektgut Semus

Weingut Hahnmühle
Alsenzstr. 25
67822 Mannweiler-Cölln
Telefon 06362 993099
info@weingut-hahnmuehle.de
www.weingut-hahnmuehle.de

Die Hahnmühle ist das südlichste Weingut des im Süden der Region gelegenen Alsenztals. 1898 erwarb die Familie das Anwesen und machte sich in den Folgejahren als Flaschenweinvermarkter einen Namen. Als Peter und Martina Linxweiler das Weingut 1986 übernahmen, stand der Weg in die Moderne fest. Die beiden sind Biowinzer der ersten Stunde und bereits seit 1989 zertifiziert. Schon 1987 begannen sie im Dialog mit Volker Raumland mit der Erzeugung ihrer ersten Rieslingsekte. Heute ist Sohn Johannes in siebter Generation Chef im Keller. Sein Lagenportfolio erstreckt sich über 20 km des etwas verschlafenen aber wildromantischen Tals zwischen Steckweiler und Bad Münster am Stein.

Die Sekte

Johannes Linxweiler verantwortet die Sekte seit 2016 und stellt bei der Bereitung so einiges auf den Kopf. Er setzt dabei auf Handlese, längere physiologische Reifung am Stock, verzichtet auf jegliche Schönung und arbeitet sich sukzessive zu einem längeren Hefelager hin. Die zweite Gärung startet er mit der Restsüße einer getrennt ausgebauten Partie seiner Grundweine, fügt also keinen Zucker in der Tirage zu. Das Gros reift bis zur Versektung parallel auf der Vollhefe, dabei wird der Riesling gu10 x, die Burgunder für mehr Cremigkeit sogar doppelt so oft aufgerührt. Alle drei Sekte wurden im März 2020 degorgiert. Einen Monat nach dem Degorgement präsentiert sich der Riesling noch sehr keck und frisch mit einem Mousseux, das fast noch als ungestüm beschrieben werden kann. Im Duft Boskoop und Aprikose, pikante Bitternoten im Abgang. 80% Chardonnay und 20% Weißburgunder bilden die Grundlage für den angenehm fruchtigen Blanc de Blancs. Apfel- und v.a. Birnenaromen begleiten das feine Säurespiel, leicht mineralisch im Abgang. Auch der Traminer ist ein eher zartfruchtiger Vertreter. Typischer Sortencharakter mit Rosenblüten im Hintergrund und trinkig dosiert.

87   NV Riesling brut 11,30€

87   NV Blanc de Blancs brut 11,30€

87   NV Traminer extra trocken 12,20€

Nahe

Gut Hermannsberg

Inhaber: Dr. Christine Dinse und Jens Reidel
Kellermeister: Karsten Peter
Betriebsgröße: 45 ha
Sektanteil: 30 000 Flaschen
Terroir: Vulkanverwitterung
Versektung: Martinushof

Gut Hermannsberg Weinhandels GmbH
Ehemalige Weinbaudomäne
55585 Niederhausen
Tel.: 06758 92500
info@gut-hermannsberg.de
gut-hermannsberg.de

Allein die häufigen Namensänderungen bezeugen die bewegte Geschichte dieses Weinguts. 1902 wurde es als „Königlich Preußische Domäne Niederhausen Thalböckelheim", später Schloßböckelheim sprichwörtlich aus dem Boden gestampft. Die heutigen Renommeelagen entstanden tatsächlich durch Rodung von Wildwuchs und Sprengung von Felsen um eine alte Kupfermine. Eine Pionierleistung, letztlich mit dem Ziel ein Mustergut zu etablieren und damit das Potential des Weinbaus an der Nahe darzustellen. Nach dem Zweiten Weltkrieg fiel es ans Land und firmierte zeitweise recht unauffällig unter der Bezeichnung „Verwaltung der Staatlichen Weinbaudomänen Niederhausen-Schloßböckelheim". 1998 wurde es privatisiert und gelangte letztlich 2009 in den Besitz der Familie Reidel. Und damit ging es wieder rasant aufwärts. Neben dem Konzept mit zugehörigem Restaurant und Gästehaus spielt man das Lagenpotential wieder wie damals zu preußischen Zeiten aus- stilecht natürlich mit dem dazugehörigen stolzen Adler im Corporate Design.

Die Sekte

Auch hierbei beginnt das Qualitätskonzept von Gut Hermannsberg im Weinberg. In ausgewählten Parzellen setzt Geschäftsführer und Kellermeister Karsten Peter auf ein ausgeklügeltes Laubwandmanagement u.a. mit dem Ziel einer langsameren Reife und Bildung von weniger Phenolen. Die Grundweine werden mit Reinzuchthefen und zumeist reduktiv im Edelstahl vergoren. Der Lagensekt aus der Kupfergrube ist äußerst begehrt und wurde sehr erfolgreich versteigert. Die beiden momentan verfügbaren Schäumer haben grundsätzlich mindestens 24 Monate, aktuell sogar knapp 30 Monate Hefelager hinter sich. Von zartem Zitrus- und Apfelduft zu Beginn entwickelt der Riesling mit Belüftung zunehmend reife Steinobstaromatik. Insgesamt ein saftiger und stereotypischer Botschafter von der Nahe. Der Blanc de Blancs ist eine Cuvée aus Weißburgunder und Chardonnay. Er duftet leicht nach Zitrone und stark nach Granny Smith, ist mittelgewichtig, sehr druckvoll und fruchtig.

88   NV Riesling brut 16,90€

88   NV Blanc de Blancs brut 16,90€

Nahe/Rheinhessen

Johanninger

Inhaber: Markus Haas, Oliver Herzer und Gabriel
Schmidt
Kellermeister: Oliver Herzer
Betriebsgröße: 20 ha
Sektanteil: 20 000 Flaschen
Terroir: Lehm mit Kalkunterlage an der Nahe, Kiesel in Rheinhessen
Versektung: Degorgement durch Singer-Fischer

Johanninger KG
Hauptstr. 4-6
55546 Biebelsheim
Tel.: 06701 8321
mail@johanninger.de
www.johanninger.de

Die Anatomie des seit 2013 zertifiziert ökologisch arbeitenden Betriebs ist etwas kniffelig. Sie beginnt aber auf jeden Fall mit der Freundschaft zweier Biebelsheimer Traditionsgüter: Haas und Schufried. Das Weingut in seiner heutigen Form entstand 1994 durch deren Zusammenschluss. Der Name Johann war zwar als Vorname auf beiden Seiten vorhanden, Johanninger ist jedoch ein beim Patentamt eingetragenes Kunstwort. Bemerkenswert ist darüber hinaus der Bezug zweier fast identischer Gebäudeensembles mit weitläufiger Unterkellerung. Fertig ist der Doppeladler mit Weinbergen sowohl in Rheinhessen als auch an der Nahe. Schaumweine aus der eigenen Sektmanufaktur spielten von Beginn an eine große Rolle, ebenso wie die Brände der zugehörigen Destillerie und das Gutsrestaurant Nickl's Speisekammer. Die drei Gesellschafter teilen sich die Bereiche Weinbau, Keller, Marketing, Vertrieb etc. Lara Haas, die Tochter von Mitinhaber Markus Haas ist die neue „Außenministerin".

Die Sekte

Die Burgunder stammen zumeist von der Nahe, Riesling und Sauvignon stehen in Rheinhessen. In beiden Fällen setzt Oliver Herzer auf frühe Lese, spontane Vergärung im Edelstahl, BSA, sowie bei den Burgundern und dem Riesling langes, manchmal sogar richtig langes Hefelager. Grund dafür ist, dass das Team von Johanninger seine Sekte durchaus auch als Essensbegleiter versteht. Hinsichtlich der Kennzeichnung betreiben sie wahres Understatement und verzichten auf die Jahrgangsangaben. Frei nach Forrest Gump: „Man weiß nie was man kriegt." Aber eines ist sicher: Jeder Sekt ist in exakt der Form, die der Betriebsphilosophie entspricht. Zu Beginn steht der rassige Gutssekt aus Scheurebe mit Riesling. Fruchtbetont, mit tänzelnder Säure, stimmiger Balance und etwas Cassis im Rückgeruch. Ganz anders der farbintensive Riesling, der mit nussigen Steinobstnoten das Zeug dazu hat am Ende dieser Verkostung zu stehen oder auch einen Abend zu beschließen. Er ist konzentriert, hat noch eine lebendige Säure und spricht vor allem Freunde gereifter Riesling-Weine an. Dagegen ist wiederum der Blanc de Blancs mit seinen 5 Jahren Hefelager geradezu ein Yongster. Er duftet sehr exotisch und expressiv nach Mango, erinnert an Himbeere, später an Melisse. Dabei bleibt er stets fruchtig und rund mit pikantem Abgang. Auch ihm steht es nicht auf der Stirne, aber der aktuelle Blanc de Noirs stammt aus 2009. Entsprechend würzig nach Cerealien und Brotkruste offenbart er eine gewisse Reife, überrascht aber am Gaumen mit einer Megasäure. Der Rosé ist DIE Sekt gewordene Erdbeere auf allen Sinneskanälen. Er ist leicht aromatisch, pikant und animierend. Zum Schluss dieser extravaganten Kollektion kommt der Sauvignon Blanc. Seine offene, reife und fruchtige Art täuscht. Dem opulenten Duft nach Knäckebrot und Johannisbeergelee folgt ein überraschend schlanker und zurückhaltender Geschmack. Erst im Abgang wieder mehr Barock mit exotischen Fruchtnoten.

86	NV Johanninger Gutssekt brut 10€
88	NV Riesling brut 19€
87	NV Blanc de Blancs brut 13€
87	NV Blanc de Noirs brut 16€
87	NV Pinot Rosé brut 13€
87	NV Sauvignon Blanc brut 18€

Pfalz

Frank John

Inhaber: Frank John
Kellermeister: Frank John
Betriebsgröße: 3,5 ha
Sektanteil: 15-20 000 Flaschen
Terroir: Sandstein-Verwitterung
Versektung: Selbst

Frank John Hirschhorner Weinkontor
Hirschhornring 34
67435 Neustadt-Königsbach
Tel.: 06321 670537
info@johnwein.de
www.johnwein.de

Es gibt wenige Menschen, die eine derart präzise und gleichzeitig unkomplizierte Vorstellung vom Leben, ihrem Beruf und ihrer Zukunft haben wie Frank John. Geradlinig, pur und kompromisslos: Weniger ist mehr. Nach Jahren als technischer Leiter bei zwei renommierten VDP-Betrieben beschloss er nochmal sein eigenes Ding zu machen. Er kaufte 2002 ein kleines Weingut mit 3,5 ha, stellte es schnellstmöglich auf Biodynamie um und ist angekommen. Dennoch muss er die Idylle regelmäßig verlassen. Frank John fungiert für zahllose andere Weingüter als Berater, in ganz Deutschland und europaweit. Wenn er mal nicht unterwegs ist zieht er vor allem Energie aus den handwerklichen Komponenten seiner Arbeit. Dies erklärt auch das Faible für den Sekt, welcher einen erstaunlich hohen Anteil der Produktion ausmacht. Die Flaschen im wahrsten Sinne zu begreifen, die manuellen Arbeitsschritte sinnlich und professionell auszuführen sind Dinge, die ihn antreiben. Frank John gibt auf alle seine Produkte 10 Jahre Garantie.

Die Sekte

Nach peniblem Vorgehen bei der Pressung baut Frank John seine Rieslinge im Holz auf der Vollhefe aus, lässt sie den BSA machen und gönnt ihnen mutig ein relativ langes Hefelager. Youngster in der makellosen Kollektion ist der Riesling brut 32 mit eben 32 Monaten auf der Hefe. Aus einem großen Glas kommt er unglaublich komplex, duftet nach reifen Äpfeln, Butterstreusel, Koriander und Ingwer. Mit viel Zug, animierender Säure und Konzentration. Was für eine Visitenkarte! Der Brut nature mit 36 Monaten Hefelager zeigt eine fantastische Reife ohne einen Hauch von störender Firne. Im Ganzen elitär, geprägt von der Aromatik exotischer Früchte aber natürlich staubtrocken, sehr gekonnt gemacht. Am stärksten präsentiert sich zur Zeit der Riesling 50. Er ist wahnsinnig fein und facettenreich, zeigt perfekte Balance und wird gewürzt mit elegantesten Reifenoten. Das ist ganz große Riesling-Kunst. Frank Johns Sekte bieten durch die Bank weg viel Intensität bei in der Regel 11,5 % Alkohol, Chapeau.

91	2016 Riesling brut 32	22€
91	NV Riesling brut nature	27€
94	2015 Riesling brut 50	35€

Pfalz

Jülg

Inhaber: Werner und Johannes Jülg
Kellermeister: Johannes Jülg und Sören Söllner
Betriebsgröße: 20 ha
Sektanteil: 40 000 Flaschen
Terroir: Lösslehm, Buntsandstein, Kalk
Versektung: Selbst

Weingut Jülg
Hauptstr. 1
76889 Schweigen-Rechtenbach
Tel.: 06342 919090
info@weingut-juelg.de
www.weingut-juelg.de

1961 bezog die Familie von Oskar Jülg das ehemalige Forstamt in direkter Sichtweite zum Deutschen Weintor. Sowohl das Weingut, als auch eine Weinstube sind darin untergebracht. Wie bei vielen Winzern in der Südpfalz, war es auch hier die unmittelbare Nähe zu Frankreich, die den Weinstil und das Sortiment beeinflusste. Gegen den damaligen Trend der Zeit baute Vater Werner Jülg von Anfang an trockene Weine aus und erzeugte schließlich Winzersekt nach der klassischen Methode. Auch die Bezeichnung Crémant betont den French-Touch. Heute verantwortet sein Sohn Johannes den Keller und mit dessen Sohn Oskar wird sich irgendwann einmal der Kreis schließen. Mit rund 1/6 der Gesamtproduktion ist der Sekt ein wichtiges Standbein für den Betrieb.

Die Sekte

Das Sortiment hat Johannes Jülg bis auf die Jahrgangswechsel in der Aufstellung von 2019 belassen. Und bewährter Weise stammt die Hälfte des Leseguts aus dem benachbarten Elsass. Wie immer ist der Riesling ein echter Pfälzer Stereotyp und eröffnet das Sortiment. Er ist sehr fein, saftig und stimmig, erinnert an Zitrusfrüchte und ist ein perfekter Terrassen-Rieslingsekt. Mit dem schlanken, frischen Crémant brut aus Weißburgunder und Chardonnay wollen die Jülgs sich bewusst von vielen Elsässer Pendants abgrenzen. Er duftet nach grünem Apfel, unterlegt mit Orangennoten, ist zudem sehr fruchtig. Wie immer ein geeigneter Einstiegssekt. Die Reserve mit 42 Monaten Hefelager startet feinwürzig nach gelben Früchten, Zitrusaromen und Brioche. Sie wird mit Belüftung immer harmonischer und seidiger, lässt dann eine gewisse Extraktsüße zum Vorschein kommen. Leicht lachsfarben und mit pikanten Noten von Grapefruitschalen präsentiert sich der Blanc de Noir. Er ist aus Spätburgunder und Schwarzriesling bereitet, schmeckt einerseits sehr fein und andererseits gefährlich süffig. Der Crémant Rosé duftet präsent nach Süßkirschen und Fruchtgummi. Er ist zugewandt, fruchtig und mit sympathischen 11,5% Alkohol sommerlich erfrischend. Intensives Sortenaroma nach Cassis und Melisse charakterisiert den Muskateller. Er ist dicht gewoben und reif.

87	2016 Riesling brut 11,90€
87	2017 Crémant brut 11,40€
89	2015 Pinot Réserve brut 28€
87	2017 Blanc de Noir 11,90€
87	2017 Crémant Rosé brut 11,90€
86	2016 Gelber Muskateller brut 14€

Pfalz   Kassner-Simon

Inhaber: Thomas Simon
Kellermeister: Thomas Simon
Betriebsgröße: 16 ha
Sektanteil: 9 000 Flaschen
Terroir: Lehm, Sand
Versektung: Martinushof

Weingut Kassner-Simon
Am Musikantenbuckel 7
67251 Freinsheim
Tel.: 06353 989320
info@kassner-simon.de
www.kassner-simon.de

Das großzügige, völlig neu gebaute Anwesen liegt seit 2016 am Ortsrand von Freinsheim. Es beherbergt 3 Ferienwohnungen sowie die Musikantenbuckel Kostbar für private Feiern in größerem Rahmen. Gegründet wurde das Weingut 1949 noch innerhalb der schützenden Stadtmauer des mittelalterlichen Städtchens. Sprichwörtlich fuhr die Großmutter von Thomas Simon Motorrad, und damit sogar die Flaschen zu den ersten Kunden. Vater Willi stellte die Weichen auf Qualität, verabschiedete sich vom Gemischtbetrieb und zuletzt auch vom Obstbau. Auf Sekt sowie dessen Einsatzmöglichkeiten im Rahmen kulinarischer Events setzt die Familie bereits seit Ende der 1980er Jahre, und war entsprechend früh organisiert in der Vereinigung Sektgüter Rheinpfalz.

Die Sekte

Die Trauben für die Sekterzeugung werden ausschließlich per Hand gelesen, zumeist als ganze Trauben gepresst und nur der Vorlauf sowie die erste sanfte Pressung verwendet. Die Weine vergären spontan im Edelstahl und durchlaufen ein verlängertes Lager auf der Feinhefe. Degorgiert wurde das gesamte Sortiment im Frühjahr 2020. Der Riesling aus 2016 zeigt weinige Aromen nach Pfirsich und Orange, ist pikant. Am Gaumen transparent und cremig zugleich sowie nussig-trocken im Abgang. Ebenfalls weinig aber opulenter und reif wirkt die Cuvée aus Chardonnay und Weißburgunder. Sie duftet nach Grapefruit, Birne und Nuss, ist intensiv. Der Pinot Rosé ist ein leichter, fruchtbetonter Typ. Mit Anklängen an Erdbeere und Rhabarber und kecker Säure ist er erfrischend zugewandt. Expressiv mit Kräuternoten und nach Lemon Curd duftet der Sauvignon Blanc. Er ist frisch und kräftig.

87	2016 Riesling extra brut 12,80€
87	2016 Chardonnay Pinot Blanc brut 12,80€

| 86 | 2017 Pinot Rosé brut 12,80€ |
| 88 | 2017 Sauvignon Blanc brut 12,80€ |

Pfalz

Knipser

Inhaber: Familie Knipser
Kellermeister: Amrei Pelzer
Betriebsgröße: 87 ha
Sektanteil: 12 000 Flaschen
Terroir: Kalk und Kalkmergel
Versektung: Sektkellerei am Turm

Weingut Knipser Johannishof
Hauptstr. 47
67229 Laumersheim
Tel.: 06238 742
mail@weingut-knipser.de
www.weingut-knipser.de

Der Kultbetrieb um die Brüder Volker und Werner, sowie dessen Kinder Stephan und Sabine gehört seit Jahrzehnten zu den deutschen Spitzengütern. Noch lange vor dem allgemeinen Rotweinboom setzten die Laumersheimer visionär auf Spätburgunder, Rebsorten aus Bordeaux und deren Ausbau im Barrique. Ihre Cuvée X ist ein Meilenstein. Auch weiße Burgunder und Riesling haben Topniveau und sind stets an der gewissen Knipser-Power zu erkennen. Als besondere Spezialität des Hauses gilt der gelbe Orleans, eine alte, fast vergessene Rebsorte. Im 4 km entfernten Bissersheim betreiben sie seit 2014 das „Halbstück". Es ist in einem denkmalgeschützten Barockgebäude untergebracht und dient als gehobener Gutsausschank der Familie.

Die Sekte

Bei den Sekten haben sich Knipsers seit Kurzem vom Riesling verabschiedet und konzentrieren sich voll auf die Burgundersorten. Alle sind standesgemäß druckvoll am Gaumen, explosiv und weisen eine enorme Länge auf. In diesem Fall ist der Chardonnay der Benjamin. Mit etwas über 18 Monaten Hefelager wirkt er im ersten Moment noch recht jugendlich, entwickelt Noten von Eukalyptus und getrockneten Aprikosen. Der reinsortige Pinot Noir Rosé ohne Jahrgangsangabe ist in diesem Fall eine Cuvée aus 2012, 2013 und 2014. Dies verleiht ihm einen Spannungsbogen von fruchtigen Tönen nach roten Johannisbeeren bis hin zu Anklängen von Lakritze. Die Rarität aus 1994 ist den Knipsers quasi in den Schoß gefallen. Mehrmals ließen sie bei der Vermarktung einem anderen Schäumer den Vortritt, stellten ihn zurück, weil er sich im direkten Vergleich stets als „zu jung" präsentierte. Heute dankt er es mit einer wahnsinnigen Palette von zumeist Tertiäraromen: Orangenschale, Rübensirup, Pumpernickel, Schwarztee, Pflaumenmus und etwas gegrillte Paprika...oder einfach Umami. Und das ausdrücklich, ohne in irgendeiner Form müde zu wirken. Er kommt besser aus einer großen Kuppa und Mutige lassen ihn etwas wärmer werden.

88	NV Chardonnay brut nature 15€
89	NV Pinot brut nature (rosé) 15€
89	1994 Pinot Rosé brut nature 22€

Pfalz   Bernhard Koch

Inhaber: Bernhard Koch

Kellermeister: Bernhard & Alexander Koch,

Chie Sakata

Betriebsgröße: 50 ha

Sektanteil: 35 000 Flaschen

Terroir: Lösslehm, Kalk

Versektung: Selbst

Weingut Bernhard Koch

Weinstr. 1

76835 Hainfeld

Tel.: 06323 2728

info@weingut-bernhard-koch.de

www.weingut-bernhard-koch.de

Wie bei vielen deutschen Winzern war es ein Aufenthalt in der Champagne, den Bernhard Koch dazu inspirierte Winzersekt nach der klassischen Methode zu machen. Ein Freund sagte damals auf bestem Pfälzisch: „Des kenne mer doch aach!" Von daher reichen die Anfänge der Sektproduktion bis 1984 zurück. Mittlerweile ist Sohn Alexander in die Fußstapfen des Vaters getreten. Die Optimierung des Schaumweinsortiments mit dem Neubau der Kelterhalle ist ein Zukunftsprojekt der beiden. Es verbleiben sämtliche Arbeitsschritte in eigener Hand, doch soll mit der Anschaffung einer neuen Presse und maschineller Rüttlung mehr Zug in die Abläufe kommen. Im Weinberg wurde bereits vermehrt Spätburgunder gesetzt. Im Keller wollen sie zugunsten der Frucht zunehmend auf den BSA verzichten.

Die Sekte

Ein bemerkenswertes Preis-Genuss-Verhältnis bietet der Riesling brut. Mit 11,3 g etwas höher dosiert aber mineralisch und mit saftiger Säure ist er bestens dazu geeignet Menschen, die Schaumwein ursprünglich nicht besonders mögen komplett zu entwaffnen. 8 g trockener und deutlich eleganter zeigt sich der Riesling extra brut. Frisch geöffnet verströmt er Noten von Kamille und Tannenhonig, später verschmelzen sich die Eindrücke zu nussigen und an Bienenwachs erinnernden Aromen. Der neue Pinot Blanc extra brut aus 2017 ist noch sehr jung, von der Stilistik her ähnlich wie sein Vorgänger, stoffig und würzig aber von pikanten Apfelnoten flankiert. Cremig, viel Brioche unterlegt mit zarter Frucht, das ist die Réserve. Sie besteht im Wesentlichen aus Weißburgunder von 2016, abgerundet mit 30 % 2015er Pinot Meunier aus dem großen Holz. Sie zeigt Kante und ist angenehm trocken. Die Cuvée CH aus zwei Dritteln Pinot Meunier und einem Drittel Weißburgunder ist nussig mit gelben Früchten und einem Tick Mokka im Unterton. Sie ist trinkig und gefällig dosiert. Der reinsortige Pinot Meunier Rosé duftet dezent nach roten Johannisbeeren und Erdbeeren. Er ist wieder etwas fruchtig-aromatischer als sein Vorgänger aus 2016

86	2016 Riesling brut 8,30€
87	2016 Riesling extra brut 8,30€
86	2017 Pinot Blanc extra brut 11€
88	NV Réserve brut 13,50€
86	NV Cuvée CH brut 10,20€
86	2017 Pinot Meunier Rosé brut 8,80€

Rheinhessen

Dr. Koehler

Inhaber: Christian Dreissigacker
Kellermeister: Christian Dreissigacker
Betriebsgröße: 20 ha
Sektanteil: 2 000 Flaschen
Terroir: Lösslehm und Kalk
Versektung: Strauch Sektmanufaktur

Weingut Dr. Koehler
Pfandturmstr. 16
67595 Bechtheim
Tel.: 06242 15 25
info@dr-koehler-wein.de
www.dr-koehler-wein.de

Unmittelbar vor der Lese 2006 bezog Christian Dreissigacker mit seiner Familie das Weingut Dr. Koehler. Anders als die meisten Betriebe in Bechtheim oder auch in der Region war man hier bereits seit 1898 auf Weinbau spezialisiert, kaufte sogar noch Wein zu und vermarktete ihn flaschenweise. Insofern konnte Christian Dreissigacker auf eine volle Infrastruktur zurückgreifen. Seine Spezialisierung und Schwerpunkt des Sortiments sind Burgunder, vor allem weiße.

Der Sekt

Drei Rebsorten, drei Jahrgänge, drei Jahre Hefelager, fünf Zahlen: 04 257 ist ein Auszug aus der AP-Nummer wobei 257 für den Ort Bechtheim steht. Da jede Rebsorte von einem anderen Terroir stammt, entspricht dieser Sekt also einem Ortswein. Es handelt sich darüber hinaus nicht nur um eine Lagen- sondern auch um eine Jahrgangscuvée aus 2014, 2015 und 2016. Dabei entwickelten sich die Reserveweine bis zur Assemblage ungeschwefelt im Holz und auf der Vollhefe. Der Blend aus nahezu gleichen Teilen Pinot Noir, Chardonnay und Schwarzriesling verströmt würzige Aromen von Honig und Spekulatius, hat einen mittleren Körper, reife Säure und ist lecker zugewandt. Er schmeckt hervorragend zu einem klassischen Schweizer Raclette.

88   Cuvée 04 257 brut nature 28€

Pfalz

Krack

Inhaber: Christian, Axel & Felix Krack
Kellermeister: Christian Krack
Betriebsgröße: 2 ha
Sektanteil: 35 000 Flaschen
Terroir: Buntsandstein, Lehm und Löss
Versektung: Selbst in der Sektkellerei am Turm

Krack Sekthaus
Heumarktstr. 20
67146 Deidesheim
Tel.: 06326 989030
info@krack-sekt.de
www.Krack-Sekt.de

Während des Studiums in Geisenheim bekam Christian Krack Lust seinen eigenen Sekt zu kreieren und auch selbst zu vermarkten. Bei seiner Freundin Anna Spanier rannte er mit der Idee offene Türen ein. Als seine Partnerin unterstützt sie ihn in der Kellerei, sowie bei PR, Marketing und bei Ausfahrten mit den Unimogs- den Sammelobjekten der Familie. Aus zwei Hektar im Privatbesitz sowie dem Zukauf von zwei befreundeten Vertragswinzern produzieren sie mit zusätzlicher Hilfe von Christians Zwillingsbrüdern Axel und Felix ausschließlich Stoff der prickelt. Damit war das Sekthaus Krack geboren. Ein Name, der in der Sekt-Szene wohlbekannt ist. Vater Bernhard Krack hat sich mit der „Sektkellerei am Turm" in Speyer als Lohnversekter national wie international einen guten Ruf erarbeitet. Die Kohlensäure liegt hier also schon in den Genen.

Die Sekte

Das Sortiment der Kracks ist sympathisch übersichtlich und pragmatisch. Der Blanc de Noirs wurde in diesem Jahr durch einen Blanc et Noir ersetzt. Es ist ihnen gelungen die sehr starke Vorjahresleistung nochmals zu steigern. Frisch geöffnet ist der junge Riesling aus 2017 dirty- etwas für Freaks, die Dissonanzen lieben. Nach Belüftung intensive Frucht nach grünen Birnen, Holunderblüte, etwas weißer Pfeffer. Vielschichtig, interessant, sicher kein Pfälzer Rieslingsekt von der Stange. Der Blanc de Blancs ist ein reiner Weißburgunder mit einem glasklaren Dreiklang aus Frucht-, Blütenaromen und einem Hauch von nasser Kreide. Ein stereotypischer Blanc de Blancs mit mineralischem Oberton und einer kleinen netten Oxidationsnote nach einigen Stunden Belüftung. Die Grande Cuvée Freundeskreis ist all denen gewidmet, die zum Erfolg der Marke Krack beitragen und in dem für alle offenen Hof ein- und ausgehen. Dafür wurden 65 % Pinot Noir und 35 % Chardonnay in zum Teil neuen 500l Tonneaux ausgebaut und verbrachten 32 Monate auf der Hefe. Sie hat eine leichte Tönung von Zwiebelschalen sowie ein enormes Mousseux. In der Nase animierend oxidativ nach Mandeln und Trockenfrüchten, gut justierte Extraktsüße, komplex, darüber hinaus etwas Mokka und Tabak im Rückgeruch. Der neue Blanc et Noir entstand aus 80 % Spätburgunder mit Weißburgunder. Er spannt einen genialen Bogen von weißen Blüten über Zitrus- bis Apfelnoten. Sehr frisch, sehr elegant mit präzise dosiertem Körper zur Stärkung. Man schmeckt hier einmal mehr, dass die Kracks ihr Handwerk verstehen. Die kleine Vertikale der beiden Rosé-Sekte ist äußerst lohnenswert und ein Lehrstück was die Entwicklung bzw. die Reifung nach dem Degorgement betrifft. Der 2016er ist ein großer Wurf. Er bezaubert mit feinem Beerenaroma, Pink Grapefruit und einem oxidativen Touch nach weißen Mandeln. Zudem ist er unglaublich stabil, brilliert in allen Glastypen und das über Stunden. Sein Nachfolger steckt noch voll in seiner fruchtig-kompakten Phase fest, lauert quasi darauf aus zu brechen. Nach viel Belüftung verströmt er einen intensiven Beerenduft hat viel Substanz und braucht einfach noch Zeit um die Komplexität seines älteren Bruders zu erreichen also unbedingt liegen lassen.

89	2017 Riesling brut 13,50€
91	2017 Blanc de Blancs brut nature 14,50€
92	2016 Freundeskreis Grande Cuvée brut nature 20€
89	2015 Blanc et Noir brut 14,50€
90	2016 Rosé brut 13,50€
88	2017 Rosé brut 13,50€

Pfalz

Philipp Kuhn

Inhaber: Philipp Kuhn
Kellermeister: Philipp Kuhn
Betriebsgröße: 38 ha
Sektanteil: 5-6 000 Flaschen
Terroir: Kalk
Versektung: Raumland

Weingut Philipp Kuhn
Großkarlbacher Str. 20
67229 Laumersheim
Tel.: 06238 656
info@weingut-philipp-kuhn.de
www.weingut-philipp-kuhn.de

Schon mit 20 Jahren musste Philipp Kuhn den elterlichen Betrieb übernehmen. Was ihn nicht daran hinderte diesen in die erste Liga zu führen und sich bereits in den 1990er Jahren durch den Zusammenschluss „die junge Pfalz" zu vernetzen. Aus dem Förderprogramm „VDP Spitzentalente" gelang ihm die Aufnahme in den Pfälzer Regionalverband. Heute blickt er, jung geblieben, bereits auf 27 Jahre Erfahrung zurück. Er hält mit 50% einen recht hohen Rotweinanteil.

Die Sekte

Nach drei Jahren auf der Hefe kommt der Blanc de Noirs in den Verkauf. Er ist enorm kräftig und rauchig mit Noten von Waldbeeren und zugehörigem Waldboden. Sehr druckvoll am Gaumen, puristisch trocken aber mit Extraktsüße. Sein Muskateller aus 2015 ist einer der ungewöhnlichsten Sekte der Region. Die charakteristische Nase nach Zitronenmelisse wirkt trotz des ebenfalls 36-monatigen Hefelagers duftig und belebend. Am Gaumen zeigt er seine Power, ist dabei staubtrocken.

89   2015 Blanc de Noirs brut nature 19,90€

88   2015 Muskateller brut nature 14,90€

Pfalz

Jürgen Leiner

Inhaber: Sven Leiner
Kellermeister: Sven Leiner
Betriebsgröße: 16 ha
Sektanteil: 2 000 Flaschen
Terroir: Landschneckenkalk
Versektung: Raubritter vom Wiesental

Weingut Jürgen Leiner
Arzheimer Str. 14
76831 Ilbesheim
Tel.: 06341 30621
info@weingut-leiner.de
www.weingut-leiner.de

Durch Krankheit des Vaters musste auch Sven Leiner sehr früh Verantwortung für das Weingut am Fuße der Kleinen Kalmit übernehmen. Er ging voll in die Qualitätsoffensive, setzte auf klassische Rebsorten, Holzeinsatz und biodynamischen Weinbau. Zudem vernetzte er sich mit vier Gleichgesinnten zur Südpfalz Connexion. Seit 2005 ist der Betrieb biologisch zertifiziert, seit 2011 ist Sven Leiner bei Demeter anerkannt.

Der Sekt

Sein einziger Sekt hat ein absolutes Alleinstellungsmerkmal. Die Spätburgunder aus 2016 und 2017 lagen bis nach der Lese 2018 auf der Vollhefe. Diese wurden dann gemeinsam und ohne zusätzlichen Liqueur de Tirage mit dem noch gärenden 2018er gefüllt. Fertig! Unverfälschter geht es nicht. Autolyse ohne Ende, ein wenig reifer Apfel und Haferflocken im Duft, supertrocken am Gaumen, something else. Passt extrem gut zu puristischer Küche z.b. Bamberger Hörnchen, Bratwurst und grüne Bohnen.

90	Cuvée 16 17 18 brut nature 25€	

Pfalz

Lucashof

Inhaber: Klaus Lucas	Weingut Lucashof
Kellermeister: Klaus Lucas	Wiesenweg 1a
Betriebsgröße: 25 ha	67147 Forst an der Weinstraße
Sektanteil: 15 000 Flaschen	Tel.: 06326 336
Terroir: Lösslehm, Sand	weingut@lucashof.de
Versektung: Martinushof	www.lucashof.de

Das Weingut der Familie Lucas ist nahezu ein typisch Pfälzisches. Klaus Lucas besitzt Anteile in vielen der besten Forster Lagen, hat aber auch Weinberge in Wachenheim und Deidesheim. Seine Frau Christine führt ein kleines Landhotel. Und auch die Kinder sind schon voll in den Betrieb integriert. Philipp und Kathrin haben in Geisenheim studiert, Viktoria ist dazu noch zu jung. Klaus' Bruder Hans ist für die Außenanlagen zuständig. Alle haben ein Faible für Terroir, womit sie gerade in Forst nicht alleine stehen. Seine Lagen interpretiert Klaus Lucas präzise und stets typisch. Der neue Stolz der Familie ist die jüngst eröffnete, stylische Vinothek. Einzig der Riesling-Anteil am Rebsortenspiegel hat eher Rheingauer- als Pfälzer Dimensionen. Was aber bekanntlich auch hier ja überhaupt keine Schande ist.

Die Sekte

Mit den vier Sekten im Portfolio ist Familie Lucas vorerst zufrieden. Der Riesling aus 2017 braucht unbedingt Zeit zur Belüftung. Anfangs unverwoben, entwickeln sich die süßlich-würzigen Noten nach Senfsaat, Safran und Koriander zu einem elsässischen Akkord mit einem übergeordneten Honigaroma. Damit erinnert er an seinen Vorgänger aus 2014. Die gleiche Handschrift ist beim Pinot Blanc zu erkennen. Auch er ist weinig, aromatisch und barock aber nicht schwerfällig. Sehr angenehm ist der Blanc de Blancs, ein reiner Chardonnay. Eindrücke von Zitrus und Weingummi in der Nase, leicht, vielschichtig und mit 2,6g RZ perfekt trocken. Ansprechend und ohne jede Spur von Bitterkeit bietet er hervorragenden Trinkfluss. Hell wie aus der Provence erscheint der Rosé. Diese Farbtönung und der transparente Duft nach Kirsche und roter Johannisbeere täuschen. Am Gaumen ist er zupackend, ein typischer Spätburgunder mit Grip, Frucht und analytisch extra brut.

86	2017 Riesling brut 14€
86	NV Pinot Blanc brut 14€
89	NV Blanc de Blancs brut 14€
87	NV Pinot Rosé brut 16€

Nahe

Marx

Inhaber: Rainer Marx
Kellermeister: Rainer Marx
Betriebsgröße: 9,5 ha
Sektanteil: 3 000 Flaschen
Terroir: Sand aus dem Tertiär
Versektung: Sektkellerei Großwinternheim, Wallhäuser Sekt-Castell, SM SektManufaktur

Weingut Marx
Im Setzling 4-6 und Hauptstr. 7
55452 Windesheim
Tel.: 06707 316
info@weingutmarx.com
www.weingutmarx.com

Bereits seit 1691 betreibt die Familie Marx Weinbau in Windesheim, im Nordwesten des Anbaugebiets. Seine Eltern machten aus dem Mischbetrieb ein reines Weingut, welches Rainer Marx 2005 offiziell übernahm. Dieser bezeichnet sich als „Mädchen für alles", insofern hat er auch für alles einen Plan. Er setzt auf klassische Rebsorten- Riesling und Burgunder machen über 80% seines Sortiments aus. Und er verfügt über ein beneidenswertes Spektrum an Terroirs deren unterschiedliche Potentiale er gerne ausspielt: Küstensand, roter Sandstein, Schieferzersatz, Quarzit. Sein Sekt stammt vom Sand des Windesheimer Rosenbergs.

Der Sekt

Wie viele, so wurde auch Rainer Marx im Rahmen seines Studiums in Geisenheim gemeinsam mit einigen Kommilitonen von der Sektleidenschaft befallen. Dabei setzt er auf relativ frühe Lese bei spätreifenden Klonen aus ebnfalls später reifenden Lagen. Ganztraubenpressung ist für ihn Pflicht, der BSA erwünscht. Sein Pinot besteht aus Spätburgunder und Weißburgunder, hat eine leichte Tönung, er ist würzig, druckvoll und entwickelt.

86	2016 Pinot brut 12,50€

Pfalz

Theo Minges

Inhaber: Theo Minges
Kellermeister: Theo und Regine Minges, Fritz Hohlreiter
Betriebsgröße: 25 ha
Sektanteil: 15 000 Flaschen
Terroir: Kalk, Ton, Löss
Versektung: Martinushof

Weingut Theo Minges
Bachstraße 11
76835 Flemlingen
Tel.: 06323 93350
info@weingut-minges.com
www.weingut-minges.com

Das Weingut von Theo Minges hat starke Familienbande und betreibt in der achten Generation Weinbau. Tochter Regine, die patente Juniorchefin, hat in Geisenheim studiert und ist mit dem Winzer Fritz Hohlreiter aus Göcklingen verheiratet. Theos Frau Martina ist die Schwester von Bernhard Koch aus Hainfeld. Mit ihm besteht eine Sektgemeinschaft, man teilt Anlagen und natürlich das Know-how. Dieses wächst bereits seit 1985. Von der Nähe zum Elsass und durch den hohen Anteil von Riesling und Burgundersorten fühlte sich Theo Minges eben schon früh zum Schaumwein nach klassischer Methode hingezogen. Im Keller hat jedes Familienmitglied sein eigenes Faible bzw. Spezialgebiet. Bei Regine Minges sind es die staubtrockenen Weine und Sekte.

Die Sekte

Das Sektsortiment der Familie Minges ist gegenüber dem Vorjahr unverändert. Die Grundweine werden durchweg ein Jahr auf der Vollhefe ausgebaut bevor sie in die Versektung gehen. Der süffige Gewürztraminer-Riesling zeigt Apfel- aber auch exotische Anklänge wie Kiwi und Ananas, ist aromatisch und kräftig. Die beiden Rieslinge brut und extra brut sind gleichermaßen hell. Sie wurden aber tatsächlich aus verschiedenen Grundweinen bereitet und nicht etwa nur unterschiedlich hoch dosiert. Der erste ist saftig und mit einem würzig-aromatischen Kick ausgestattet. Der Riesling extra brut dagegen kommt straffer, angenehm trocken und länger. Der Chardonnay wirkt kraftvoll und intensiv mit Noten nach Honig und Karamell, zeigt einen vollmundigen Körper. Leicht lachsfarben mit erfrischenden Noten von Rhabarber und Äpfeln präsentiert sich der Pinot Meunier. Er ist straight und hat eine knackige Säure. Ganz anders der Pinot Rosé. Er wirkt rundum gehaltvoller und recht konzentriert.

87   2016 Gewürtraminer-Riesling brut 13€

87   2016 Riesling brut 12€

88   2016 Riesling extra brut 12€

87   NV Chardonnay brut nature 14€

87   2016 Pinot Meunier Blanc de Noirs brut nature 12,20€

86   2016 Pinot Noir Rosé brut 12,20€

Nahe

Montigny

Inhaber: Sascha Montigny
Kellermeister: Sascha Montigny
Betriebsgröße: 8 ha
Sektanteil: 2 500 Flaschen
Terroir: Löss und Terrassenschotter
Versektung: SM SektManufaktur und Sieben

Weingut Sascha Montigny
Weidenpfad 46
55452 Laubenheim
Tel.: 06704 1468
shop@montigny.de
www.montigny.de

Der Betrieb liegt am südlichen Ortsausgang von Laubenheim, lediglich einen Steinwurf bzw. eine Bundesstraße von der Nahe entfernt und ist somit nicht mit dem Mainzer Stadtteil Laubenheim zu verwechseln. Nach dem Krieg kam sein Vater zunächst über eine eigene Rebveredelung schließlich zu seinem Weingut. Seit 1994 arbeitet Sascha Montigny daran, wie er selbst sagt: „ ...aus einem noch kleineren Weingut ein kleines Weingut zu machen." Dies mag auf die Fläche zutreffen, jedoch ist der Betrieb eine feste Größe was vor allem Rotweine von der Nahe angeht. Zu verdanken hat Sascha Montigny dies der ehemaligen Rebveredelung, die für einen relativ hohen Rotweinanteil gesorgt hat. Das Know-how dafür hat er in Geisenheim erworben, wo er wie viele andere Winzer natürlich auch auf den Sekt gestoßen ist.

Die Sekte

Sascha Montigny plant vorerst keine Erweiterung seiner Schaumweinkollektion. Er erzeugt Sekte davon abgesehen auch nur in eleganteren, geeigneteren Jahren, also nicht im Abonnement. Beim Pinot lässt er in der Regel einen BSA zu, baut die Grundweine im Holz aus. Dem Riesling verleiht er reduktiv im Edelstahl und ohne Malo Schliff. Er zeigt dezente Steinobstnoten in der Nase, ist am Gaumen aber vollmundig bei schöner Säure, saftig. Mit exotischen Früchten und heimischer Quetsch tritt der Blanc de Noir auf. Er ist straff und druckvoll, zeigt eine gute Balance. Der Rosé ist sympathisch hell, fruchtbetont nach Johannisbeeren und ein eher dezenter Typ.

87	2016 Riesling brut 11€
87	2014 Pinot Noir Blanc de Noir brut 14€
86	2017 Pinot Noir Rosé brut 12,50€

Pfalz

Georg Mosbacher

Inhaber: Sabine Mosbacher-Düringer
und Jürgen Düringer
Kellermeister: Jürgen Düringer
Betriebsgröße: 23 ha
Sektanteil: 7-8 000 Flaschen
Terroir: Lehm, Sand, Buntsandstein, Kalk
Versektung: Martinushof

Weingut Georg Mosbacher
Weinstraße 27
67147 Forst an der Weinstraße
Tel.: 06326 329
info@georg-mosbacher.de
www.georg-mosbacher.de

Pfalz meets Baden, genauer gesagt Kaiserstuhl. In Geisenheim, während ihres Studiums, lernte die aus Forst stammende Sabine Mosbacher ihren Mann Jürgen Düringer kennen, der ihr gerne in den Norden folgte. Gemeinsam etablierten sie den Betrieb im Oberhaus. Sie sind, nach Austritt des Vaters 1971 seit 1993 erneut Mitglied im VDP sowie bei Vinissima aktiv. Die Spezialität des Hauses ist klar der Riesling. Im vergangenen Jahr konnten die beiden weitere 3 Hektar davon im Deidesheimer Langenmorgen und Paradiesgarten erwerben. Wie bei vielen Geisenheim-Absolventen wurde die Liebe zum Schaumwein im Rahmen des dortigen Sektprojekts geweckt. Aus den 50 Litern damals sind heute etwa 8 000 Flaschen geworden- Tendenz steigend. Vor allem weil für das 100-jährige Jubiläum im nächsten Jahr bereits ein hochwertiger Crémant auf der Hefe liegt.

Die Sekte

Beim Riesling steht in Kürze ein Jahrgangswechsel an. Der 2017er hat eine pfirsichfruchtige, entwickelte Nase, baut Druck auf, ist konzentriert mit einer reifen Säure. Dagegen zeigt der 2018er viel Frische, ist elegant, von Zitrusaromen geprägt und tänzelt mit seinen 11,5% leichtfüßig auf der Zunge. Chacun à son goût. Eine unglaubliche Metamorphose legt der Weißburgunder an den Tag. Frisch geöffnet ist er verschlossen und es fehlt an Harmonie. Nach einer gewissen Belüftungszeit aber entwickelt er sich zu einem der besten Weißburgunder-Sekte der Pfalz: Cremig mit perfekt eingebundenem Holz- und das bei einem Riesling-Gut. Von daher unbedingt Zeit geben! Einfacher aber zum Gegrillten lecker ist der Rosé. Hell lachsfarben mit einem Bouquet von Kirsche, roter Johannisbeere und einem Unterton nach Nougat. Er ist diesem Zweck entsprechend auch in der Magnumflasche erhältlich.

87	2017 Riesling brut 14€
88	2018 Riesling brut 14€
90	2015 Weißburgunder brut 14€
85	2016 Rosé brut 14€

Pfalz/Rheinhessen

Motzenbäcker

Inhaber: Marie und Klaus Menger-Krug
Kellermeister: Marie und Klaus Menger-Krug
Betriebsgröße: 65 ha
Sektanteil: 80 000 Flaschen
Terroir: Kalk, Buntsandstein, Lehm, Ton
Versektung: Selbst in Gau-Odernheim

Sektgut Motzenbäcker
Weinstraße 80
67146 Deidesheim
Tel.: 06326 6040
info@villaimparadies.de
www.motzenbaecker-sekt.de

Ihre Eltern waren Pioniere was Schaumweine klassischer Herstellung betrifft. Als erster Betrieb in Deutschland führte Menger-Krug den Titel „Sektgut". Seit der einvernehmlichen Trennung von Henkell laufen die Produkte unter dem Label Motzenbäcker. Marie Menger-Krug legt größten Wert auf Biodiversität im Weinberg. Alle Sekte sind ökologisch zertifiziert und entstammen physiologisch reifem, gesundem Lesegut. Während ihres Studiums in Geisenheim machte sie Bekanntschaft mit der Urform der Flaschengärung, der Méthode Rurale. Dabei wird (topgesundes Lesegut vorausgesetzt) teilvergorener Most in der Verkaufsflasche fertig vergoren und danach klassisch degorgiert. Selbstsicher nennt Marie Menger-Krug ihre Sekte „Schaumgeborene". Und treffsicher liebt sie es, diese mit dem Champagnersäbel zu sabrieren.

Die Sekte

Das Sortiment des Guts ist klar zweigeteilt: Auf der einen Seite stehen die Sekte klassischer Herstellung, wobei Marie Menger-Krug bereits hier die komplette Klaviatur bespielt. Den Auftakt bilden die beiden Rieslinge vom Sand- bzw. vom Kalkstein. Der erste ist ein voller Pfälzer Stereotyp während der aus der Nähe von Alzey stammende Kalkstein viel Mineralität, Zug und Eleganz besitzt. Danach macht das Sortiment einen Sprung- die Sekte mit den Fantasiebezeichnungen haben eine völlig andere Intention und sind eher als Speisenbegleiter oder zur Meditation geeignet. Bereits der Universe mit mindestens 24 Monaten Hefelager hat Schmackes und Würze aber ohne dabei schwerfällig zu sein. Mit dem Riesling Tonneau behauptet sie sogar provozieren zu wollen. Er ist, wie der Name sagt, im 500l-Fass vergoren, erinnert an geröstete Haselnüsse, hat also eine ordentliche Dosis Holz, ebenfalls ohne es an Esprit mangeln zu lassen. Er schmeckt am besten zu Vitello Tonnato aus einem Rotweinglas. Im Auftakt fast unerwartet schlank, aber straight und puristisch ohne Ende ist der „Mond". Die Cuvée aus Riesling und Chardonnay reifte vor dem Hefelager 1 Jahr in Fässern aus Mondeiche. Er duftet nach Zitrone und Melisse hat eine sehr feine Säure und erfrischt mit seiner knochentrockenen Art. Die beiden Rosé sind, wie die Terroir-Rieslinge sehr unterschiedlich. Der einfachere ist elegant und animierend. Der „Brut nature" zeigt volle rote Fruchtaromen mit einem Touch Vanille. Spezialität des Hauses sind jedoch die Flaschengärer nach der Méthode Rurale. Sie sind durch die Bank weg wilder und dynamischer im Duft, von daher lohnt eine längere Belüftung und der Genuss über den gesamten Abend hinweg. Frisch nach weißem Pfirsich mit kitzelnder Gäraromatik startet der Sauvignon Blanc. Reifer, weinig und nussig kommt der Riesling daher.

87	NV Riesling brut Sandstein 14,50€
88	NV Riesling brut Kalkstein 14,50€
88	NV Universe Riesling brut 19,50€
89	NV Tonneau brut 25€
90	NV Mond brut nature 19,50€
87	NV Rosé brut 15,50€
88	NV Rosé brut nature 17€
90	2015 "Rurale" Riesling 23€
89	2017 "Rurale" Sauvignon Blanc 29€

Pfalz

Müller-Catoir

Inhaber: Philipp David Catoir
Kellermeister: Martin Franzen
Betriebsgröße: 25 ha
Sektanteil: 4 000 Flaschen
Terroir: Haardtsandstein (Buntsandstein)
Versektung: Heim'sche Privat-Sektkellerei

Weingut Müller-Catoir
Mandelring 25
67433 Haardt an der Weinstraße
Tel.: 06321 2815
weingut@mueller-catoir.de
www.mueller-catoir.de

Das neoklassizistische Gebäude oberhalb Neustadts im Stadtteil Haardt gehört zu den schönsten Weingütern Deutschlands. Inhaber Philipp David Catoir leitet es in neunter Generation. Bekannt ist der 1744 gegründete Traditionsbetrieb neben seinen trockenen Rieslingen vor allem für (edel)süßen Rieslaner. Der ehemalige Kellermeister Hans Günther Schwarz prägte das neue Profil des Pfälzer Weins wie kaum ein Zweiter und hat Generationen von Winzern ausgebildet. Auch Nachfolger Martin Franzen von der Mosel leistet seit Jahren hervorragende Arbeit, ist innovativ. Er bereicherte das Weißweingut um Spätburgunder und initiierte 2009 den ersten Sekt.

Der Sekt

Dieser wird nur in geeigneten Jahren erzeugt. Nach 2014 ist aktuell der 2015er erst der dritte Jahrgang. Die Trauben stammen vom typischen gelben Buntsandstein des Haardtrandes. Rieslingfrucht mit mineralischem Touch, nicht laut- aber gut gelungen.

88   Riesling brut (2015) 14,20 €

Pfalz

am Nil

Inhaber: Familie Pohl
Kellermeister: Till Tempel
Betriebsgröße: 30 ha
Sektanteil: 4 000 Flaschen
Terroir: Lehm aus Kalksteinverwitterung

Weingut am Nil
Neugasse 21
67169 Kallstadt
Tel.: 06322 9563160
info@weingutamnil.de
www.weingutamnil.de

2010 erwarben Dr. Ana und Reinfried Pohl das Weingut Eduard Schuster im Herzen von Kallstadt mit 16ha Weinbergen. Danach wurde nichts dem Zufall überlassen: Dekorative Kunst, der Löwe, das Corporate Design in omnipräsentem Lila, die stylische Gastronomie, ein Tagungszentrum mit Hotel. Auch das Paradoxon im Namen bleibt haften. Mit Nil ist hier nämlich eine Flurbezeichnung bzw. alte Einzellage innerhalb des berühmten Saumagens gemeint. Hauptrebsorte ist entsprechend mit 65% der Riesling.

Die Sekte

Zwei davon werden zu Sekt und sie schmecken exakt so, wie man es von der selbstbewussten Ausstattung mit dem geprägten Löwenkopf her auch erwarten würde. Der Erste hat stereotypische Primäraromatik nach Pfirsich, nochmal Pfirsich und Grapefruit Er ist expressiv, hat viel Frucht und einen dezenten, netten kontrastierenden Bitterton im Abgang. Viel Geschmack für legere 11,5%. Elitärer der Lagensekt: Konzentriertes Sortenaroma nach Aprikose, Zimt und Senfsaat. Enorme Konzentration und leicht rauchig im Rückgeruch

87	2017 Riesling brut 14,90€
89	2016 Riesling Kallstadter Saumagen brut 33€

Pfalz

Odinstal

Inhaber: Thomas Hensel
Kellermeister: Andreas Schumann
Betriebsgröße: 6,3 ha
Sektanteil: 1 500 Magnum
Terroir: Muschelkalk und Buntsandstein
Versektung: Technische Unterstützung durch
Andres & Mugler

Weingut Odinstal
Odinstalweg
67157 Wachenheim
Tel.: 06322 9495312
mail@odinstal.de
www.odinstal.de

Das wahrscheinlich am eindrucksvollsten gelegene Weingut der Pfalz thront hoch über Wachenheim in einem Bergkessel, der sich mit einem grandiosen Blick in die Rheinebene öffnet. Bei guter Sicht sei von dort oben sogar die Frankfurter Skyline zu erkennen. Die Philosophie des biodynamisch arbeitenden Betriebs könnte jedoch in keinem größeren Kontrast zu der Bankenmetropole stehen. Das historische Gebäude wird umrundet von 5 ha Weinbergen der Monopollage Odinstal, die kargen Weiden mit der Kuhherde erinnern fast an Almwiesen. Betriebsleiter ist Andreas Schuman. Er hat während seiner Ausbildung u.a. mit den Stationen Bürklin-Wolf oder Wittmann ordentlich ökologischen Rückenwind aufgenommen, den er beneidenswert kompromisslos umsetzt. Für ihn bedeutet die Weinerzeugung in dem Hochtal natürlich größte Sensibilität mit der Natur und viel Arbeit beim Pflanzenschutz.

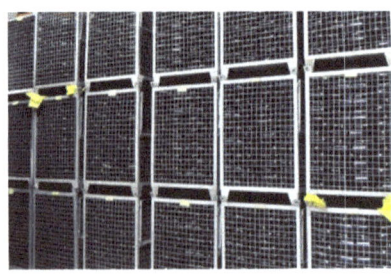

Der Sekt

Für den einzigen Sekt wählt er 90 % physiologisch reife Trauben aus jüngeren Anlagen und 10 % von alten Reben am tiefer gelegenen Schlossberg. Spontan vergoren, BSA und zweite Gärung spektakulär ohne Rüttelhilfen oder andere Zusätze. Auch diese Ausgabe glänzt wieder durch absolutes Understatement: Wie immer puristisch ohne Ende, nur leicht fruchtig nach Aprikose, etwas Marzipan und Cerealien. Schumann überträgt seine innere Ruhe auf diesen Sekt- ohne auch nur einen Anflug von Langeweile aufkommen zu lassen. Stille Perfektion, hier lohnt die intensive Auseinandersetzung, sehr stabil auch noch am Folgetag.

91   NV Riesling brut nature 55 € (Magnum)

Pfalz   Pfeffingen

Inhaber: Jan und Karin Eymael   Weingut Pfeffingen
Kellermeister: Rainer Gabel   Pfeffingen 2 / an der Deutschen Weinstraße
Betriebsgröße: 17 ha   67098 Bad Dürkheim
Sektanteil: 6-7 000 Flaschen   Tel.: 06322 8607
Terroir: hauptsächlich Kalk   info@pfeffingen.de
Versektung: Im Wesentlichen selbst   www.pfeffingen.de

Eyecatcher des Traditionsbetriebs ist das Einhorn, welches bereits 1622 kaiserlich verliehen, dem jeweiligen Zeitgeist angepasst die Etiketten ziert. Ursprünglich lag das Weingut der Familie Eymael in der Ortsmitte von Ungstein. 1931 zog man vor die Tore in den aus gefühlten drei Gebäuden bestehenden Weiler Pfeffingen am Fuße des Michelsbergs. Der kurze Aufstieg lohnt, da man von dort einen wunderbaren Ausblick auf das Weingut selbst, aber auch auf die große Saline, den Wurstmarktplatz und Bad Dürkheim im Ganzen hat. Die Stärke des Hauses ist neben großartigen Rieslingen eine Pfälzer Spezialität, die Scheurebe. Die Neuzüchtung aus Riesling x Bukettrebe wird in der Pfalz noch auf 350 ha angebaut. Da sie in der Aromatik einem reiferen Sauvignon Blanc nicht ganz unähnlich ist, entscheiden sich viele Winzer entweder für sie ODER den trendigen Newcomer von der Loire. Häufig genug jedoch steht lediglich ein Exemplar davon auf der Liste, und das meistens süß. Anders bei Jan Eymael. Er ist stolz auf bis zu sieben, in der Regel trockene Interpretationen der Aromasorte, was ihm bereits den Titel Mr. Scheurebe eingebracht hat. Es verwundert demnach nicht, dass es sie hier auch in einer schäumenden Ausführung gibt.

Die Sekte

Jan Eymael vertritt die Philosophie, dass seine Sekte stets frisch degorgiert sein sollen. Er rüttelt von Hand und zwar jeweils kleine Chargen von etwa 350 Flaschen. Das heißt, dass seine drei Rüttelpulte quasi dauerhaft bestückt sind. Eine Komponente, die sich in allen seinen Sekten findet, ist die typische geschmacksintensivierende Umami-Note. Der Riesling ist ein vollmundiger Pfälzer Typ. Er ist intensiv und würzig, zeigt ein Aroma nach Orangenmarmelade und einen Hauch Salz. Der Pinot erinnert an Pflaume, ist mollig weich und feinwürzig am Gaumen, auch er entwickelt die charakteristische leichte Salzigkeit. Für Profil im Portfolio sorgt die Scheurebe. Sie duftet würzig nach Stachelbeere und Cassis, ist geschmacksintensiv und gleichfalls dezent salzig.

86	2016 Riesling brut 12,50€
86	2016 Pinot brut 12,50€
87	2018 Scheurebe brut 14€

Pfalz   Pflüger

Inhaber: Alexander Pflüger
Kellermeister: Alexander Pflüger
Betriebsgröße: 30 ha
Sektanteil: 15 000 Flaschen
Terroir: Buntsandstein, Kalkmergel
Versektung: Strauch Sektmanufaktur

Weingut Pflüger
Gutleutstr. 48
67098 Bad Dürkheim
Tel.: 06322 63148
info@pflueger-wein.de
www.pflueger-wein.de

Vom Jungen Wilden der Biodynamie-Szene hat sich Alexander Pflüger zum sanften Visionär entwickelt. Bei seinen Weinen zeigt er immer noch Kante, aber nicht mehr auf Teufel komm raus. Sein Ziel ist es zu erreichen, dass sich ein eigenständiges Geschmacksprofil und Zugänglichkeit nicht ausschließen. Es gelingt ihm.

Die Sekte

Der Riesling alias „Cuvée Rassig" erfrischt mit kräutrig-grünen Noten, hat eine ausgeprägte Säure, wirkt insgesamt sehr saftig. Er tut also seinem Namen alle Ehre. Die aktuelle Charge der Cuvée Sophie Helene zeigt zunehmend Holznoten, duftet nach Pflaumen und Melone, ist angenehm trocken und bleibt durch ihre kontrastierende Säure trinkig und fordernd. Und das bei moderatem Alkohol.

87	Cuvée Rassig Riesling brut (2017) 13,50€
88	Cuvée Sophie Helene brut (2016) 16€

Pfalz/Rheinhessen   Raumland

Inhaber: Familie Raumland
Kellermeister: Kazuyuki Kaise
Betriebsgröße: 10 ha
Sektanteil: 100 000 Flaschen
Terroir: Terra Fusca
Versektung: Selbst

Sekthaus Raumland
Alzeyer Straße 134
67592 Flörsheim-Dalsheim
Tel.: 06243 908070
info@raumland.de
www.raumland.de

Die Etablierung deutscher Spitzensekte im Premiumsegment hat einen Namen: Raumland. Wie kaum einem anderem Sekterzeuger ist es dieser Familie gelungen innerhalb von 30 Jahren eine Marke zu kreieren, kontinuierlich noch besser zu werden, dabei Teamplayer zu bleiben, Lobbyarbeit zu leisten sowie zum Synonym für gehobenen Schaumweingenuss national und erfreulicherweise auch international zu werden. Volker Raumland kommt aus einem Weinbaubetrieb in Bockenheim, brachte Lagen sowohl aus der Pfalz, als auch Rheinhessen mit. Seine Frau Heide-Rose ist die Schwester von Hans-Peter Wöhrwag aus Württemberg. In Kontakt mit Sekt kam Volker Raumland, wie viele Winzer während seines Studiums in Geisenheim. Dort stand er mit einem 1981er Müller-Thurgau auf Anhieb auf dem Siegertreppchen- die Leidenschaft war entfesselt. 1990 gründeten die beiden ihren Betrieb neu, setzten schwerpunktmäßig auf Schaumwein und betrieben Lohnversektung in großem Stil. Sie erwarben mit der Villa Merkel das Wohnhaus eines ehemaligen Möbelfabrikanten nebst arrondierten Weinlagen und rodeten umgehend den „Altbestand" aus Kerner, Würzer & Co. Schwerpunkte des heutigen Rebsortenspiegels sind mit jeweils 40% Chardonnay und Spätburgunder. Den Rest machen Weißburgunder, Riesling und Schwarzriesling unter sich aus. Volker Raumland ist Präsident des Verbands traditioneller Sektmacher e.V. 2020 wurde das Sekthaus als erster reiner Schaumweinerzeuger Mitglied im VDP. Aktuell sind die beiden Töchter Marie-Luise und Katharina sukzessive dabei das Ruder dieses Topbetriebs in die Hände zu nehmen.

Die Sekte

Das Sortiment der Raumlands ist dreistufig und dabei klar definiert. Wobei die Protagonisten innerhalb der drei Linien Tradition, Prestige und Vintage jeder für sich längst zum Klassiker geworden sind. In der sogenannten Basis, dem Traditions-Segment herrschen Eleganz und Aromenvielfalt vor. Alle vier Cuvées haben ein mindestens 4-jähriges Hefelager hinter sich. Für die Kategorie Prestige liegt der Cut-off bei sechs Jahren und die Betonung auf der Briochenote durch den langen Kontakt mit der Hefe. Die drei Flaggschiffe, die unter der Bezeichnung Vintage segeln sind Legenden. Sie liegen traditionell mindestens 10 Jahre auf der Hefe, der aktuelle Jahrgang ist 2008.

Auch hier beginnen wir mit dem äußerst harmonischen Riesling, der extrem gefährdet ist für Fehleinschätzungen. Er verkörpert stille Perfektion, ist millimetergenau nuanciert. Als 2013er ist er zudem voll entwickelt ohne jedoch seine Reife zu offenbaren und das bei sympathisch-leichten 11,5%! Im besten Sinne „einfach sehr gut". Trotz seines Reifevorsprungs von drei Jahren benötigt der Blanc de Blanc aus der Prestige-Linie ausreichend Zeit sich zu entwickeln. Der reinsortige Weißburgunder ist sehr feingliedrig und äußerst elegant. Er profitiert von einem schlankeren Glas. Ganz anders von der Stilistik ist der Prestige-Chardonnay aus 2011. Ebenfalls fein und lockend jedoch würziger nach Butterstreusel, Marzipan und dezenter Frucht. Unheimlich komplex füllt er jeden Winkel im Mund mit einem anderen Eindruck aus. Der Vintage Blanc de Blancs aus 2008 krönt die Riege der weißen Burgundersekte, die ihrem Namen alle Ehre macht. Allesamt imponieren sie bei der Blindverkostung nämlich mit hellerer Glasfarbe. Dies täuscht aber auch bei ihm nicht über seinen würzigen Briochecharakter und seine Geschmacksfülle hinweg. Und das mit einer Balance zum niederknien. Reife, Power, Säure und Finesse treffen sich exakt im Bull's Eye! Die Cuvée Marie-Luise ist reinsortig aus Pinot Noir bereitet. Sie duftet dezent nach Zitrus und reifem Apfel und ist am Gaumen extrem filigran mit feinen Säurespitzen. Im Nachhall zeigt sie einen leichten Pinot-Ton. Ein gelungenes Beispiel dafür, dass wahre Highlights nicht immer laut sein müssen. Ihre Schwester Katharina hat zusätzlich einen Anteil Schwarzriesling, ist 5 g trockener, also brut nature und kraftvoller. Trotzdem enorm komplex, zeigt viel Brioche mit Zitrusnote, explosiv am Gaumen, vielschichtig, sehr gekonnt.

Die perfekte Feinheit des Blanc de Noirs Vintage sucht in Deutschland ihresgleichen. Vibrierendes Fruchtspiel, seidigste Textur, einen Tick Kreide und homöopathisch Pumpernickel, welches pro Stunde um je ein Duftmolekül zulegt- ein moussierender Brillant.

90	2013 Riesling brut Tradition 18€
91	2010 Blanc de Blanc brut Prestige 26€
92	2011 Chardonnay brut Prestige 31€
94	2008 Blanc de Blancs Vintage extra brut 69€
90	2013 Cuvée Marie-Luise brut Tradition 19€
91	2014 Cuvée Katharina brut nature Tradition 19€
94	2008 Blanc de Noirs Vintage brut 69€

Pfalz

Rebholz

Inhaber: Hansjörg und Birgit Rebholz
Kellermeister: Hansjörg, Hans
und Valentin Rebholz
Betriebsgröße: 25 ha
Sektanteil: 8-10 000 Flaschen
Terroir: Riesling auf Buntsandsteinverwitterung,
Spätburgunder auf Muschelkalk und Löss
Versektung: Raumland

Weingut Ökonomierat Rebholz
Weinstraße 54
76833 Siebeldingen
Tel.: 06345 3439
wein@oekonomierat-rebholz.de
www.oekonomierat-rebholz.com

Das Weingut mit internationalem Renommee liegt in der Ortsmitte von Siebeldingen, direkt an der Queich. Hansjörg Rebholz hat mit Unterstützung seiner Frau Birgit das Weingut nicht nur durch geschickte Zukäufe von 10 auf 24 ha erweitert. Der Visionär, Biodynamiker und Netzwerker ist regionaler VDP-Vorsitzender und Mitinitiator der „Fünf Winzer Fünf Freunde" im Jahr 1991. Dabei handelt es sich um einen der ersten Zusammenschlüsse von Winzern. Schon damals war das Ziel Gedanken- und Erfahrungsaustausch zu betreiben, sich gemeinsam zu verbessern, die Natur zu stärken und die Region zu fördern. Um die Zukunft des Familienbetriebs muss er sich keine Sorgen machen. Mit Tochter Helene und seinen Zwillingen Hans und Valentin bringen sich authentische, kompetente und gleichzeitig bescheidene Nachfolger ein.

Die Sekte

Bereits seit 1993 gibt es das Markenzeichen π NO.® sprich: "PiNo" in Gold und/oder Rosé. Die Ikone verkörpert den Stil des Hauses: Zupackend, intensiv und komplex zugleich, sowie eine Hammer-säure, die den Speichelfluss fördert. Dazu setzen Hansjörg Rebholz und die Zwillinge auf Ganztrau-benpressung, Vorklärung, geringste Schwefelgabe, den Ausbau im Barrique und langes Hefelager.

Verwendet wird stets nur die Cuvée, kein Freilauf. Aber bereits der Riesling mit 34 Monaten Hefelager entspricht voll dieser Philosophie. Nach etwas Belüftung zeigt er einen mineralischen Pfirsichduft, baut am Gaumen sofort Druck auf und reitet eine ungebremste Säureattacke. Er ist würzig, rauchig, explosiv. Der legendäre 2008 π NO.® »Gold« (94 Punkte in 2019) ist leider ausgetrunken, aber sein Pendant in Rosé vertritt ihn gebührend- braucht jedoch Zeit zur Entwicklung. Er wirkt zu Beginn animalisch und wenig zugewandt, wild. Am Gaumen ist er harmonischer, dennoch expressiv, leicht adstringierend, mit etwas Frucht und viel, viel Säure bei extrem langem Finish.

89	2016 Riesling extra brut 24€
90	2013 "R"π NO.® Rosé extra brut 34€

Pfalz

Rings

Inhaber: Steffen und Andreas Rings	Weingut Rings
Kellermeister: Steffen und Andreas Rings	Dürkheimer Hohl 21
Betriebsgröße: 40 ha	67251 Freinsheim
Sektanteil: 10 000 Flaschen	Tel.: 06353 2231
Terroir: Kalk	info@weingut-rings.de
Versektung: Raumland	www.weingut-rings.de

Die Brüder Steffen und Andreas Rings sind die Shooting-Stars der Pfälzer Weinszene in den letzten 10 Jahren. Sie stehen für Dynamik und Zielstrebigkeit und das merkt man auch den Weinen an. Ihre Rieslinge und Spätburgunder aus Großen Lagen sind Fixsterne. Neuester Meilenstein der Beiden ist die Inbetriebnahme eines riesigen Kellereigebäudes in den Weinbergen hinter dem alten Friedhof in Freinsheim. Topmodern, funktionell, ästhetisch und umweltfreundlich. Die Reben ihres roten Kultweins „Das Kreuz" liegen um den zur Hälfte unterirdischen Bau arrondiert.

Die Sekte

Der Blanc et Noir besteht zu 2/3 aus Chardonnay und 1/3 Pinot Noir, beide Rebsorten wurden zu 100 % im Barrique ausgebaut. Es gibt nicht viele Sekte mit einem derart intelligenten Holzeinsatz. Balsamische Würze bei gleichzeitig nuancierter Frucht, enorm facettenreich- Großes Kino! Auch der Rosé ist sehr gut. Pflaumenaromatik, Hagebutte, und in seiner letzten Charge zunehmend Brioche. Ebenfalls mit perfekt eingebundenem Holz und Balance.

91	2014 Blanc et Noir extra brut 26€
90	2014 Pinot Rosé brut 19€

Nahe/Reinhessen

Salm

Inhaber: Felix Prinz zu Salm-Salm
Kellermeister: Felix Prinz zu Salm-Salm
Betriebsgröße: 18 ha
Sektanteil: 10 000 Flaschen
Terroir: Sandiger Lehm mit Kalk und Rotliegendes
mit Lehm und Kalk
Versektung: SM Sektmanufaktur

Weingut Prinz Salm
Schloss Wallhausen
Schlossstraße 3
55595 Wallhausen
Tel.: 06706 944411
weingut@prinzsalm.de
www.prinzsalm.de

Seit 2014 leitet Felix Prinz zu Salm-Salm gemeinsam mit seiner Frau Victoria die Geschicke von Deutschlands ältestem Weingut in Familienbesitz. 32 Generationen lang lässt sich die Geschichte des Hauses bis ins Jahr 1200 zurückverfolgen. Auf dem Schloss Wallhausen residiert die Familie seit etwa 400 Jahren. Seine Mutter Prinzessin Philippa entstammt der fränkischen Weindynastie zu Castell. Sein Vater Michael Prinz zu Salm-Salm war lange Jahre Vorsitzender des VDP Deutschland, führte diesen in die Moderne. Dennoch war Sekt für ihn eher ein Nebenprodukt. Dies änderte Felix Prinz Salm sukzessive, wohlwollend unterstützt und mit sanfter Einflußnahme seiner Frau. Heute schäumt dank dieser Entwicklung etwa jede zehnte Flasche auf Schloß Wallhausen.

Die Sekte

Seine Grundweine baut Prinz Salm sehr flexibel und bedarfsorientiert aus. Edelstahl oder Holz, spontane Vergärung oder Reinzuchthefen, teilweise BSA, wie es der Jahrgang bzw. das Lesegut fordert. Sein Trend geht hin zu immer genauerer Abgrenzung der Pressfraktionen sowie längerem Hefelager. Der Wildgraf ist präsent, zeigt gelbe Pflaume und etwas würzige Senfsaat. Er bleibt harmonisch, sanft, nussig-trocken und hat eine feine Röstaromatik im Abgang. Die satte Farbe der Principessa mit Reflexen von Mandarine stimmt bereits auf den barocken Typus ein. Würzige Noten von Erdbeermarmelade und Lakritze, kontrastiert von einer guten Säure, gehaltvoll mit ordentlich Extraktsüße.

88   NV Pinot Sekt brut nature „Der Wildgraf" 17€

88   NV Rosé brut „la Principessa" 23€

Rheinhessen

Seyberth

Inhaber: Andreas und Bernd Seyberth
Kellermeister: Andreas Seyberth
Betriebsgröße: 7 ha
Sektanteil: 2 000 Flaschen
Terroir: Prophyr und Lehmlöss
Versektung: Wein- und Sektgut Semus

Weingut Seyberth
Sandgasse 8
55599 Siefersheim
Tel.: 06703 705
hallo@weingut-seyberth.de
www.weingut-seyberth.de

Siefersheim liegt in der beschaulichen Rheinhessischen Schweiz. Andreas und sein Bruder Bernd Seyberth haben den Betrieb 1998 von den Eltern übernommen. Seit 2010 ist das Gut biologisch, seit 2018 auch Demeter-zertifiziert. Wie die meisten Biodynamiker ist Andreas Seyberth Hardliner, Handarbeiter und fest lokal verwurzelt. Er schätzt Riesling aber brennt nach eigener Aussage für Silvaner. Seine Frau Alexandra organisiert in der ehemaligen Straußwirtschaft liebevoll die Eventlocation „Kleines Rheinhessen". Selbstredent stilecht mit Kreuzgewölbe und eigenem Trullo im Hof.

Die Sekte

Seine Grundweine vergärt Andreas Seyberth spontan im Edelstahl und versucht den BSA zu vermeiden. Trotz oder sogar aufgrund seiner wahrnehmbaren Restsüße ist der Riesling ansprechend und ein gelungener Allrounder auf jeder Party. Er erinnert an grüne Äpfel und reife Pfirsiche. Ganz ähnlich der Blanc de Noir- charmant nach Orange mit insgesamt viel Frucht und netter Säure. Der Silvaner brut nature ist so ziemlich genau das Gegenteil hinsichtlich der Philosophie und Einsatzmöglichkeit. Er duftet nach Kräutern und Schwarztee , ist salzig und supertrocken. Facettenreich und cremig mit pikanter Bitternote. Something else für Freaks oder zum Grübeln bei Blindverkostungen.

85	2015 Riesling brut 12€
86	2017 Blanc de Noir trocken 13€
88	2016 Silvaner brut nature 17€

Nahe

SM Sektmanufaktur

Inhaber: Kai Maschtschenko und Matthias Schreml
Kellermeister: Kai Maschtschenko
und Matthias Schreml
Betriebsgröße: 2,5 ha
Sektanteil: 5 000 Flaschen
Terroir: Lehm und Schiefer
Versektung: Selbst

SM SektManufaktur
Große Heide 2
55444 Waldlaubersheim
Tel.: 0151 257 44 631
info@sm-sektmanufaktur.de
www.sm-sektmanufaktur.de

Hinter den einprägsamen Initialen stehen zwei echte Typen, die sich wahrscheinlich nie bewusst gesucht, aber dennoch gefunden haben. Matthias Schreml ist Inhaber eines Weinlabors und hat Erfahrungen in der Weinanalytik und im Einkauf gesammelt. Kai Maschtschenko war bereits Abfüllmeister und technischer Betriebsleiter u.a. bei Raumland. Einer brauchte technischen Support, der andere hatte Kunden, beide waren eigentlich Nachbarn und wollten guten Sekt machen. Kurzerhand warf man Pläne und Know-how zusammen, gründete die Sektmanufaktur und ist seitdem das einzige reine Sekthaus an der Nahe. Dort findet Lohnverperlung und -versektung statt. Durch den Dialog mit den Winzern produzieren die beiden darüber hinaus aber auch ihre eigenen Sekte- Tendenz steigend.

Die Sekte

Mit einem Augenzwinkern und gemäß ihrem Motto „Wein kann jeder" erzeugen Schreml und Maschtschenko zur Zeit 12 unterschiedlichste Qualitätsschaumweine. Tatsächlich reizt die beiden an der Sektherstellung speziell die technische Spezialisierung als auch die Tatsache größere Zeitfenster zu haben und nicht an den Jahreszyklus gebunden zu sein. Ihren Stil beschreiben sie als sehr trocken bei verhältnismäßig niedriger Säure. Der Pinot Blanc duftet fruchtig und würzig nach Birne mit Anklängen von Mokka. Er ist auch am Gaumen würzig, vollmundig und baut Druck auf. Der Chardonnay braucht Belüftung um sich zu harmonisieren. Auch dann bleibt er dezent fruchtig, feinwürzig, balsamisch mit dosiertem Holzeinsatz, lang. Die Grande Cuvée in der antik anmutenden Amphorenflasche ist der logische Gipfel der maskulin wirkenden Kollektion. Sie besteht aus Chardonnay, Pinot Noir und etwas Meunier und ist zu 100 % im Barrique ausgebaut. Deshalb erinnert sie an Haselnuss, Kokos, orientalische Gewürze und kandierte Mandarine. Das Volumen der Aromen profitiert deutlich von einem größen Glas, die Grande Cuvée ist aber stets präsent und würzig. Gleichfalls SM-linientreu erscheinen die beiden Blancs de Noir. Etwas kompakter der Pinot mit Holunderblüten und pikant kräutrig in der Nase. Gelbfruchtig mit dezenter Honignote und etwas verspielter der Meunier. Die Cuvée Dosage Zero duftet leicht würzig nach Banane, ist nussig-trocken am Gaumen und ein treffender Beweis, dass ein solcher Sekt kein Gramm Zucker mehr zur Abrundung benötigt.

86	NV Pinot Blanc brut 14€
88	NV Chardonnay brut 17€
90	NV Grande Cuvée Reserve 35€
87	NV Pinot Blanc de Noir brut 12€
87	NV Pinot Meunier brut 14€
88	NV Cuvée Dosage Zero 15€

Rheinhessen   Strauch

Inhaber: Isabel Strauch-Weißbach und Tim Weißbach
Kellermeister: Tim Weißbach
Betriebsgröße: 25 ha
Sektanteil: 40-50 000 Flaschen
Terroir: Lösslehm und Kalk
Versektung: Selbst

Strauch Sektmanufaktur
Dalbergstr. 14-18
67574 Osthofen
Tel.: 06242 913000
info@strauch-sektmanufaktur.de
www.strauch-sektmanufaktur.de

Isabel Strauch-Weißbach hat internationale Weinwirtschaft und Marketing studiert. Ihr Mann Tim Weißbach hat (ebenfalls) in Geisenheim sein Studium der Getränketechnologie absolviert. Nach der Heirat übernahmen die beiden ihren elterlichen Betrieb, das Weingut und Sektkellerei Dalbergerhof Strauch. Daraus formten sie die heutige Strauch Sektmanufaktur, die darüber hinaus biozertifiziert ist. Die Sekttradition von Isabels Vater reicht zurück bis 1980, aber die Produktionsmenge hat sich seitdem verzehnfacht. Die beiden beschreiten ihren Weg äußerst konsequent. Darüber hinaus wird Lohnversektung für andere Betriebe angeboten.

Die Sekte

Sekt, sagt Isabel Strauch-Weißbach, sei für sie ein durch und durch positives Getränk. Dennoch, und das ist ihr persönlich wichtig, brauche es keinen konkreten Anlaß um eine Flasche zu öffnen. So sieht sie Qualitätsschaumwein in hohem Maß auch als Speisenbegleiter. Die Grundweine für die Strauch-Sekte werden sehr individuell ausgebaut. Je nach Produkt kommen Edelstahl, großes Holz oder auch Tonneaux zum Einsatz. Vergoren wird mit Reinzuchthefen, der BSA findet teilweise statt. Mit dem „Michelsberg" hat der Betrieb gleich zu Beginn nicht nur einen Lagensekt, sondern sogar einen stolzen Clos im Portfolio. Die Einzellage im benachbarten Mettenheim wird von einem Weinbergshäuschen gekrönt und ist wie in Burgund von einer Bruchsteinmauer umgeben. Hier wachsen Riesling und Gewürztraminer. Die Cuvée duftet würzig, nussig und nach Lemoncurd. Sie ist pikant aromatisch, komplex, der Anteil vom Riesling zeigt dezente Reifenoten. Die beiden folgenden reinsortigen Rieslinge sind wahre Wölfe im Schafspelz. Sie überraschen hinter angenehm animierendem Duft mit einer explosionsartigen Aromenfülle am Gaumen. Nach nur 10 Monaten auf der Hefe entwickelt der Riesling brut eine sehr schöne Pfirsich-Aprikosen-Aromatik. Er ist mittelgewichtig, erstaunlich komplex und hat eine pikante Säure. Sein viermal so lange gereifter Bruder ist extra brut, leicht würzig mit gewisser Exotik und erfrischend nach Kräutern. Im Mund intensiv, gleichfalls komplex und zeigt eine Hammersäure, sehr lang. Wer extrem feine und verspielte Rieslingsekte liebt, der trinkt den Vielles Vignes sofort nach dem Öffnen und wird mit Sicherheit happy. Wer auf Entdeckungsreise gehen will, lasse ihn 2 Stunden atmen. Dann offenbart sich die schöne Reife des Grundweins ohne jeglichen Anflug von Petrol. Ja dann entwickelt sich die balsamisch wirkende Säure, dann wird er mega-komplex, superlang und spielt seine perfekt trockene Art aus. Unbedingt aus verschiedenen Gläsern probieren. Der Blanc de Blancs ist ein echter Rheinhesse. Die Cuvée aus Silvaner und Chardonnay ist zugewandt und erinnert angenehm an Zitrusfrüchte. Sie bleibt straff, mineralisch und macht einfach Freude. Der Pinot Blanc hat eine üppig-würzige Nase nach Mokka und Noisette. Am Gaumen zeigt er aber eine gekonnte Balance durch seine feine Säure. Auch der „Zero" ist ein reinsortiger Weißburgunder. Er wirkt fruchtig und leicht rauchig in der Nase, punktet einen wunderschönen Duft nach Marzipan. Ihm gelingt der Spagat einerseits rund und zugewandt, gleichzeitig elegant, mineralisch und animierend zu sein. Eine schöne Definition für Trinkspaß. Melonenfarben steht der Rosé im Glas. Die Cuvée aus Chardonnay, und Meunier mit einer Dosage aus Pinot Noir ist zart und rauchig,, lang und erfrischt mit ihrer sommerlichen, etwas dropsigen Frucht, schmeichelnd.

88	2012 Riesling & Gewürztraminer brut "Mettenheimer Michelsberg" 35€
88	NV Riesling brut 13,90€
89	NV Riesling 40 Monate extra brut 17,50€
90	NV Vieilles Vignes extra brut 27,80€
88	NV Blanc de Blancs brut 15,90€
87	NV Pinot Blanc brut 15,90€

90	NV Zero brut nature 19,90€
87	Rosé Prestige brut 18,90€

Pfalz

Wageck

Inhaber: Familie Pfaffmann
Kellermeister: Frank und Thomas Pfaffmann
Betriebsgröße: 55 ha
Sektanteil: 10 000 Flaschen
Terroir: Kalk
Versektung: Raumland und
Schloss Wachenheim

Wageck
Luitpoldstraße 1
67281 Bissersheim
Tel.: 06359 2216
info@wageck-weine.de
www.wageck-weine.de

Die Brüder Frank und Thomas Pfaffmann führen in der fünften Generation den Betrieb im Herzen von Bissersheim im Norden der Weinstraße. Das ehemalige Weingut Wageck-Pfaffmann hat hinsichtlich der Namensgebung seine persönliche Entscheidung getroffen. Zur besseren Profilierung und Abgrenzung erscheinen die Inhaber nicht mehr mit ihrem Familiennamen. Die Top-Weine des Betriebs firmieren unter der Marke Wageck. Die Linie Pfaffmann bleibt den einfacheren Qualitäten vorbehalten.

Die Sekte

Bei den Sekten verschwimmen diese qualitativen Grenzen, denn bereits der Blanc et Noir mit dem (neuen) Pfaffmann-Label ist sehr gut. Er löst den kraftvollen Blanc de Noir aus 2008 ab, ist leichter und feiner als sein Vorgänger. Das Cassis vom Anfang verfliegt, dann duftet er nach Honig und Brioche, bleibt aber stets vornehm zurückhaltend und straff trocken. French Style wie ein sehr guter Crémant. Die Cuvée 2014 (60 % Chardonnay, 20 % Pinot Noir und 20 % Pinot Meunier) ist etwas zurückhaltender als aus 2013. Sie zeigt eine angenehme Autolysenote. Es gilt 3x „B": Brioche, Birne, weiße Blüten. Insgesamt elegant mit feiner Säure.

88	2010 Blanc et Noir extra brut 12,90€
89	2014 Cuvée extra brut 19,90€

Rheinhessen

Wagner Stempel

Inhaber: Daniel Wagner
Kellermeister: Daniel Wagner
Betriebsgröße: 20 ha
Sektanteil: 3-4 000 Flaschen
Terroir: Vulkanverwitterung Porphyr
Versektung: Raumland

Weingut Wagner Stempel
Wöllsteiner Straße 10
55599 Siefersheim
Tel.: 06703 960333
info@wagner-stempel.de
www.wagner-stempel.de

Die Weinberge von Siefersheim liegen bereits auf vulkanischen Böden etwas südlich von Bad Kreuznach und im äußersten Westen von Rheinhessen. Hier wurde das Weingut 1845 als Mischbetrieb gegründet. Das bedeutet den Dreiklang aus Äckern, Vieh und Wein. Nach dem Tod seines Vaters trennte sich Daniel Wagner von der Landwirtschaft und setzte voll auf Wein aus den klassischen Rebsorten. Die Kreuzgewölbe, welche ehemals als Ställe dienten, sind heute schmuckes Flaschenlager und Repräsentationsraum. Aber eine Herde aus ca. 20 Ziegen und Schafen pflegt noch immer die Brachflächen in der mediterran anmutenden Landschaft.

Die Sekte

Nach schonender Ganztraubenpressung, Separation der Pressfraktionen und ungefiltert vergären die beiden Sekte spontan im Edelstahl, der Chardonnay zu 50 % im Tonneau. Frisch geöffnet präsentiert sich der Riesling reif nach Pumpernickel und dezenten Zitrusnoten. Mit etwas Entwicklung wird er sphärisch, kreidig, bekommt einen saftigen Grapefruitton. Am Gaumen unglaublich animierend, mit Hammersäure und staubtrocken. Eine echte Partydroge für Trockenfreaks. Der Tirus ist dezent oxidativ und zeigt feine Grapefruitnoten im Duft. Am Gaumen dann supersaftig, kompromisslos zupackend, das ist Trinkspaß auf hohem Niveau.

| 91 | 2014 Riesling brut nature 16€ |
| 90 | 2015 Blanc de Blanc brut nature "Tirus" 20€ |

Pfalz   Wehrheim

Inhaber: Franz und Karlheinz Wehrheim	Weingut Dr. Wehrheim
Kellermeister: Franz und Karlheinz Wehrheim	Weinstraße 8
Betriebsgröße: 20 ha	76831 Birkweiler
Sektanteil: 10 000 Flaschen	Tel.: 06345 3542
Terroir: Keuper mit Muschelkalk	wein@weingut-wehrheim.de
Versektung: Raumland	www.weingut-wehrheim.de

Franz Wehrheim leitet zusammen mit seinem Vater Karlheinz den südpfälzischen Spitzenbetrieb in der 4. Generation. 1902 als Agrargroßhandel gegründet, setzte man rasch auf Wein. Gegen den damaligen Trend wurden vor allem trockene Weine, und das aus Burgunderrebsorten erzeugt. Von daher verfügt die Familie über alte Rebanlagen und das gewisse Händchen dafür. Karlheinz Wehrheim führte das Weingut in den VDP und war Mitbegründer des legendären Zusammenschlusses „Fünf Winzer Fünf Freunde". Franz Wehrheim ist Betriebswirt, Önologe und hat einen Master of Business-Administration. Auf die Zukunft.

Die Sekte

Bei seinen beiden Sekten setzt Franz Wehrheim auf die Lese in kleinsten Behältern, Ausbau im Edelstahl und geringsten Schwefeleinsatz. Nach der Lese wird das Traubenmaterial 24 Stunden vorgekühlt, bevor er manuell die Pressung steuert. Der Blanc de Blancs ist neu im Portfolio. Er hat sehr kleine Bläschen, ist insgesamt extrem fein und erinnert an gelbe Früchte. Am Gaumen sehr komplex mit einer außerordentlichen Säure, lang, mit zitronigen Noten im Rückgeruch. Sein Pendant in Rosé dagegen ist fest etabliert. Seit Jahren gehört er zu den elegantesten und feinfruchtigsten Rosé-Sekten (ohne Holzprägung) der Region. Auch der 2017er ist gewohnt hell pfirsichfarben, saftig, animierend und wie immer mit einer wunderschönen Frucht.

| 90 | 2017 Blanc de Blancs brut 29€ (verfügbar ab 2021) |
| 89 | 2017 Rosé brut 18,80€ |

Rheinhessen

Weinreich

Inhaber: Familie Weinreich
Kellermeister: Jan und Marc Weinreich
Betriebsgröße: 20 ha
Sektanteil: 6 000 Flaschen
Terroir: Lehm, Löss
Versektung: Degorgement Sektkellerei am Turm

Weingut Weinreich
Riederbachstraße 7
67595 Bechtheim
Tel.: 06242 7675
info@weinreich-wein.de
www.weinreich-wein.de

Nach Abschluss seines Studiums in Geisenheim 2008 und dem Tod des Vaters 2009 stieg Marc Weinreich in das elterliche Weingut ein um seinen Bruder zu unterstützen. Den beiden war klar, dass sie ein neues Geschäftsmodell erarbeiten, sowie einen Imagewechsel durchführen mussten. Von daher setzten sie voll auf biologische Arbeitsweise, übernahmen das 3-stufige Lagenmodell für die Weine, und etablierten einen hohen (Fach)Handelsanteil bei deren Vermarktung. Zudem wurde das Sortiment gestrafft und auch das Rebsortenspektrum weitgehend auf Riesling, Silvaner und Burgunder reduziert. Darüber hinaus riefen die Brüder eine Naturwein-Linie ins Leben. Bei den Sekten ist es das Ziel von Marc Weinreich sich vom herkömmlichen, fruchtigen Typus in verschiedenen Dosagestufen zu verabschieden. Er strebt trockene Schaumweine aus Burgundersorten mit langem Hefelager an.

Die Sekte

Die Sekte der Weinreichs vergären spontan im Tonneau und führen meistens den BSA durch. Inspiriert durch einen Besuch in der Champagne produzierte Marc 2015 einen reinsortigen Pinot Meunier nach dortigem Vorbild. Dieser duftet kühl und rauchig zugleich nach Pfirsichsorbet. Er ist sehr saftig, ist pikant, hat die perfekte Dosis Holz und zeigt mit der Zeit eine schöne leichte Oxidationsnote. „Perlen vor die Säue" ist der markige Name eines Pét Nat aus Riesling und Silvaner. Nach einer Maischestandzeit wird der noch gärende Most auf die Flasche gefüllt- fertig. Er erinnert im Duft an eine Sommerwiese mit viel Kamille. In einer großen Kuppa wird er zudem nussiger und hefecremig, ist aber in jedem Fall erdig, trocken und hat stimulierende Tannine.

90   2015 Pinot brut 23,50€

88   2017 Perlen vor die Säue Pét Nat 15€

Pfalz   Wilhelmshof

Inhaber: Barbara Roth und Thorsten Ochocki   Wein- und Sektgut Wilhelmshof
Kellermeister: Barbara Roth   Queichstr. 1
und Thorsten Ochocki   76833 Siebeldingen
Betriebsgröße: 20 ha   Tel.: 06345 919147
Sektanteil: 80 000 Flaschen   info@wilhelmshof.de
Terroir: Buntsandstein, Muschelkalk   www.wilhelmshof.de
Versektung: Selbst

Der Wilhelmshof gehört zu den wenigen Sekterzeugern, bei denen von der Traube bis zur Vermarktung tatsächlich alle Arbeitsschritte in eigener Hand liegen. Angefangen hat dabei alles sehr bescheiden. Ursprünglich wollten Christa Roth-Jung und Herbert Roth lediglich EINE Flasche Sekt für ihre Sonntage herstellen. Aus gerade mal 52 sind bis heute 80 000 geworden. Gleichfalls erfolgreich war der Kampf von Herbert Roth für die Bezeichnung Blanc de Noirs. Ursprünglich von der Weinkontrolle abgelehnt, durfte er sie 1989 als erster Winzer auf seine Etiketten schreiben. 2005 übernahmen seine Tochter Barbara Roth mit Ehemann Thorsten Ochocki nach zahlreichen internationalen Praktika den heimatlichen Betrieb. Dieser ist sehr kunstaffin, stellt regelmäßig zeitgenössische Werke aus und lohnt alleine dafür schon den Besuch.

Die Sekte

Das Credo des Wilhelmshofs lautet: Selektive Handlese, reinsortiger Ausbau, verlängertes Hefelager, manuelles Rütteln, warmes Degorgement und Jahrgangstypizität. Den Anfang machen die beiden Rieslinge brut und extra brut aus 2017. Sie sind erfreulich schlank und elegant. Der Erste duftet feinwürzig nach Zitrone und Traubenzucker, ist harmonisch und hat eine saftige Säure. Der Zweite erinnert an frische grüne Äpfel, ist rassiger und perfekt trocken. Relativ neu und in der oberen Etage des Sortiments angesiedelt sind die Privé-Sekte. Der feinwürzige Weiße Burgunder ist zupackend, mit Extraktsüße, Nuss und etwas Mokka im Rückgeruch. Dem Pinot B ist etwas Belüftung dringend zu empfehlen. Die Cuvée aus 50 % Pinot Blanc und 50 % Pinot Noir wird dann sehr fein, vielschichtig, balsamisch und das bei außerordentlich seidigem Schaum. Der Gutsklassiker Blanc de Noirs mit dem schwarzen Label hat ein unglaubliches Mousseux. Er zeigt sich fein, sanft und harmonisch, aber auch mit saftiger Frucht nach Apfel mit einem leicht pikanten Nachhall. Sein großer Bruder, der Blanc de Noirs Privé ist vom Holz geprägt, opulenter und erinnert an rote Früchte. Die Patina-Sekte stellen die Speerspitze des Wilhelmshofs dar. Sie reifen mindestens fünf, aber auch bis zu 35! Jahre auf der Hefe bevor sie, 3x im Jahr in Kleinstmengen degorgiert werden. Der vor einigen Monaten verkostete Blanc de Noirs Patina stammte aus 2012. Er zeigte höchste Komplexität und Balance*. Momentan befindet sich der 2006er im Verkauf, von daher ist es empfehlenswert, sich jeweils zeitnah über den aktuellen Jahrgang zu informieren. Der Jeweilige Release ist also nie chronologisch, sondern hängt von der jeweiligen Entwicklung ab. Es dürfte schwer werden jemanden zu finden,

dem der Spätburgunder Rosé nicht gefällt. Er ist von Anfang an schmeichelnd fruchtig nach Johannisbeeren, später Orangen. Sommerlich-leichte Süße, aber angenehm und verspielt. Eine schöne
Bereicherung des Sortiments ist der halbtrockene Muskateller. Charakteristisch, pikant-fruchtig,
nicht zu parfümiert und deshalb sehr angenehm. Perfekt zu Himbeeren oder kontrastierend zu würziger Asia-Küche.

87	2017 Riesling brut Siebeldinger Königsgarten 13€
88	2017 Riesling extra brut Siebeldinger Königsgarten 13€
89	2014 Weißer Burgunder Privé brut nature 24€
89	2015 Pinot B brut 24€
89	2017 Blanc de Noirs Siebeldinger Königsgarten 17€
89	2014 Blanc de Noirs Privé brut nature 24€
91	2012 Patina Blanc de Noirs brut 38€*
88	2017 Spätburgunder Rosé brut 14€
88	2018 Muskateller demi-sec 15,50€

Pfalz

Von Winning

Inhaber: Jana Seeger
Kellermeister: Kurt Rathgeber
Betriebsgröße: 49 ha
Sektanteil: 10 000 Flaschen
Terroir: Lösslehm, Lehm und Kalk
Versektung: Martinushof

Weingut von Winning
Weinstraße 10
67146 Deidesheim
Tel.: 06326 966870
weingut@von-winning.de
www.von-winning.de

Die Geschichte dieses Traditionsbetriebs könnte bewegter kaum sein. Nach dem Splitting des Jordan'schen Besitzes Mitte des 19. Jahrhunderts, firmierte er die längste Zeit unter dem Namen des
damaligen Erben, Dr. Deinhard. Mit dem Kauf durch den Unternehmer Achim Niederberger, der
zuvor bereits die beiden anderen beiden Erbteile, Reichsrat von Buhl und Geheimer Rat Dr. von
Bassermann-Jordan erstanden hatte, wurde das historische Portfolio wieder komplettiert. Die Um-
bzw. Rückbenennung in „Weingut von Winning" soll als Hommage an Leopold von Winning, den
visionären Besitzer vor 100 Jahren verstanden werden. Heute stehen sowohl Dr. Deinhard, als auch
von Winning für die beiden Weinlinien des Gutes. Erstere wird reduktiv im Edelstahl ausgebaut,
während Betriebsleiter Stephan Attmann bei der Zweiten voll auf den Ausbau im Holz und Her-
kunftstypizität setzt. Die unangefochtene Hauptrolle spielt dabei der Riesling, welcher von den renommiertesten Lagen der Mittelhaardt stammt.

Die Sekte

Standesgemäß reifen die Grundweine für die „von Winning" Linie natürlich im Tonneau. Mit Ausnahme der Burgundercuvée Win Win unterlaufen alle ein mindestens 3-jähriges Hefelager. Eben dieser Juniorpartner, ein reiner Weißburgunder mit 18 Monaten animiert mit seiner balsamisch-cremigen und expressiven Art. Besser als ein Nasenspray ist er in der Lage die Atemwege bis in die Stirnhöhle zu erfrischen. Gleichfalls ein reinsortiger Weißburgunder ist der Pinot brut. Er ist salzig und zeigt Karamell im Rückgeruch. Durch seine barocke Fülle täuscht der Chardonnay brut nature eine Extraktsüße an, hat Druck ohne es dabei an Eleganz und Komplexität mangeln zu lassen. Der Rosé ist eine Cuvée aus 75% Spätburgunder und 25% Chardonnay. Er ist würzig, hat eine schöne Säure und erinnert an reife Erdbeeren.

89	NV Win Win brut 15€
89	NV Pinot brut 24€
90	NV Chardonnay brut nature 24€
88	NV Rosé brut 24€

Rheinhessen   Winter

Inhaber Familie Winter
Kellermeister Stefan Winter
Betriebsgröße: 20 ha
Sektanteil 3 000 Flaschen
Terroir: Tonmergel und Kalk
Versektung: Selbst

Weingut Winter
Heilgebaumstr. 34
67596 Dittelsheim Hessloch
Tel.: 06244 7446
info@weingut-winter.de
www.weingut-winter.de bzw.
www.purewinter.de

Der verhältnismäßig junge Betrieb liegt im südlichen Teil Rheinhessens, dem Wonnegau. Mit der Konzentration auf Riesling und Burgundersorten, Spontangärung und Hervorstellung des Lagencharakters hat Stefan Winter das Gut mitsamt dem beschaulichen Dittelsheim-Hessloch in den Focus der Weinwelt gerückt. Über die Terrasse des modernen Neubaus sind es maximal elf Meter bis in die Weinberge. Eine Distanz, die dem ambitionierten Fußballer von seinen Auftritten mit der Weinelf Deutschland, der Nationalmannschaft der Winzer vertraut sein dürfte.

Der Sekt

Die Zeit des Wartens ist vorbei. 2008 behielt Stefan Winter zum ersten Mal unfiltrierten Grundwein im Tonneau für die Abrundung seiner Sekte zurück. Sie bilden den Grundstein für die Produktion von High-End Schäumern mit hochinteressantem Anteil perfekt gereifter Reserveweine. 04/15 steht also für die vier Jahrgänge 2008, 2013, 2014 und 2015, die in 2015 gefüllt und erstmals 2018 degorgiert wurden. Die Cuvée ist geprägt von weißen Rebsorten, sie besteht aus 65 % Chardonnay, 23 % Weiß- sowie 12 % Spätburgunder. Mit feinstem, frisch gebackenem Butterbrioche, einem Hauch Safran, etwas Mandel, Marzipan und im Hintergrund reifen Mirabellen kommt der Pure klassisch und straight daher. Brut nature macht er seinem Namen wirklich alle Ehre- er ist puristisch ohne Ende. Die würzige Dominanz weißer Rebsorten wird gekonnt untermalt von einem Anflug Pinot-Beerenfrucht. Bravissimo, was für ein Erstgeborener! Unbedingt am Vortag öffnen.

93   Pure NO. 04/15 brut nature 49€

Pfalz   Winterling

Inhaber: Familie Winterling	Sekt & Weingut Winterling
Kellermeister: Sebastian Winterling	Im Brühl 15
Betriebsgröße: 12 ha	67150 Niederkirchen
Sektanteil: 50 000 Flaschen	Tel.: 06326 8952
Terroir: Lösslehm, Sand, Buntsandstein, Kalk	info@winterling-sekt.de
Versektung: Selbst	www.winterling-sekt.de

Als Sekt- und Weingut hat Winterling eine eher kurze Geschichte. Dennoch fand die Spezialisierung auf Sekt, sowie die Bezeichnung Crémant Pfalz schon sehr früh, nämlich 1982 statt. Während des Studiums lernte der eigentlich aus Franken stammende Martin Winterling seine spätere Frau Anne lieben. Aber nicht nur sie, denn auch die Leidenschaft für Sekt war groß- übrigens bei beiden. Von daher begannen sie zunächst Grundweine und später Trauben zu kaufen, firmierten als Sektkellerei. Letztlich entschieden sie sich dann doch dafür den Zukauf einzugrenzen, Land zu erwerben und ein eigenes Weingut zu gründen. In dieses bringt sich heute mittlerweile die zweite Generation ein: Mit Tochter Susanne kümmert sich eine hochsympathische ehemalige Weinkönigin um die Kunden während Sohn Sebastian kompetent den Keller leitet. Bruder Stefan lebt auf Mallorca und betreibt dort eine Brennerei in welcher er Gin herstellt. Der Betrieb ist biozertifiziert.

Die Sekte

Das Sortiment der Winterlings gehört mit 12 verschiedenen Produkten zu den umfangreichsten in der Pfalz. Im vergangenen Jahr wurden die Etiketten einem Facelifting unterzogen, sie wirken nun noch eleganter. Fruchtig nach Steinobst und Ananas präsentiert sich der Lagenriesling vom Reiter-pfad. Er zeigt eine schöne Balance, ist ein Rieslingsekt in Reinkultur. Der Blanc de Blancs aus 100 % Chardonnay ist noch sehr jung und schäumt wild und ungestüm im Glas. Er duftet nach Blüten und fruchtig nach Mirabellen und ist ein sehr guter Allrounder. „La Coulée d'Or" ist eine Champagner-Cuvée aus 50 % Chardonnay aus dem Holz, 30 % Spätburgunder und 20 % Schwarzriesling mit 57 Monaten Hefelager. Er präsentiert sich wie gewohnt mit seiner typischen Blüten- und Honignase, ist feinwürzig, aromatisch und zeigt Extratsüße. Das „geliebte Gretchen" aus Spätburgunder und Schwarzriesling ist eine Reminiszenz an die bekannte Figur aus Goethes Faust und weist charmant auf die deutsche Interpretation bzw. vollmundigere Stilistik hin. Es ist goldgelb, dezent oxidativ und zeigt deutliche Röstaromatik. Es erinnert an schwarzen Pfeffer, Nelken und Kaffeepulver, ist inten-siv und eignet sich hervorragend als Speisenbegleiter. Mit der klaren Farbe eines Weines aus der Provence lockt der reinsortige Spätburgunder Pinot Rosé. Er duftet frisch nach Kirsche und einem Hauch Minze, ist animierend schlank und macht einfach Trinkspaß. Vom Stil völlig anders ist der etwas reifere „Fleur de Rosé". Hier sorgt, mit Noten von Erdbeermarmelade, ein kleiner Anteil Char-donnay aus dem Barrique für Würze.

87	2018 Ruppertsberger Reiterpfad Riesling brut Crémant Pfalz 14,50€
87	2018 Blanc de Blancs brut Crémant Pfalz 13€
88	2014 Crémant Pfalz brut "La Coulée d'Or" 16€
88	2014 Blanc de Noirs brut Crémant Pfalz "Geliebtes Gretchen" 23€
87	2017 Fleur de Rosé brut Crémant Pfalz 14,50€
87	2018 Pinot Rosé brut Crémant Pfalz 13€

Glossar

AP-Nummer

Amtliche Prüfnummer eines Weines oder Sektes, die sich aus der Prüfstelle, der Gemeinde, dem Betrieb und schließlich dem Erzeugnis zusammensetzt.

Aromarebsorte

Zumeist weiße Rebsorte mit charakteristischem, würzig-aromatischem Duft. Muskateller, Gewürztraminer, Scheurebe und auch Sauvignon Blanc gehören stilistisch dieser Familie an.

Barrique

Eine mit 225l Inhalt eher kleine Fassgröße. Zumeist mit dem Zweck neben der Reifung des Weines auch eine würzige Aromatik, den sogenannten Barriqueton beizusteuern.

Biologisch-dynamisch

Auch biodynamisch, Agrarwirtschaft, die auf die weltanschaulichen Lehren von Rudolf Steiner zurückgeht. Dabei steht nach der genauen Beobachtung der Natur und des Wachstumszyklus die Stärkung des Bodens und der Pflanze durch Tees oder andere Präparate im Vordergrund

Biologischer Säureabbau/BSA

Durch Bakterien ausgelöste Umwandlung von spitz empfundener Äpfelsäure in die mildere Milchsäure

Burgundersorten

Mit dem Blauen Spätburgunder durch Mutation (z.b. Weiß- und Grauburgunder) oder Kreuzung (z.b. Chardonnay, Schwarzriesling) verwandte Rebsorten.

Crémant

Stets in Kombination mit dem Anbaugebiet zu verwenden. Vorgeschrieben ist u.a. Handlese in kleinen Behältern, Ganztraubenpressung, max. 2/3 Saftausbeute und 9 Monate Hefelager.

Cuvée

Im deutschen Sprachgebrauch der Verschnitt mehrerer Rebsorten, in der Champagne die erste und damit schonendste Pressung

Demeter

Deutschlands ältester Bioverband, der 1924 nach den Lehren Rudolf Steiners gegründet wurde. Demeter ist der Name einer Muttergöttin aus der griechischen Mythologie.

Flight

Parallelverkostung mehrerer Weine oder Sekte unter einem gemeinsamen Aspekt. Dies kann der gleiche Jahrgang, die gleiche Rebsorte, Stilrichtung etc. sein.

Geisenheim

Hochschule, an der u.a. Studiengänge in Weinwirtschaft, Getränketechnologie, Weinbau und Önologie angeboten werden

Hefedepot

Sediment aus abgestorbenen Hefezellen

karaffieren

Das umgießen von Wein (seltener auch Sekt) in eine Karaffe zur besseren Belüftung und Entwicklung der Aromen

Klon

Im Weinbau Pflanzen mit identischer Erbinformation und somit gleichen speziellen Eigenschaften

Kuppa

Der obere Teil eines Glases, in welchen der Inhalt eingefüllt wird

Malolaktische Gärung

s. Biologischer Säureabbau

NV

Non-Vintage, keine Jahrgangsangabe

Primäraroma

Fruchtige Duftnoten, welche direkt von der Traube stammen, und Rebsorten spezifisch sind

Reinzuchthefen

Gezüchtete Hefestämme mit bestimmten erwünschten Eigenschaften z.B. die Aromenausbildung

Schwefel

Der Zusatz von schwefliger Säure bzw. Schwefeldioxid ist eine traditionelle und gängige Konservierungsmethode für bestimmte Lebensmittel

Spontangärung

Vergärung ohne Zusatz von Reinzuchthefen. D.h. Nutzung der im Weinberg oder Keller vorhandenen Kulturen.

Süßreserve

Behandelter Traubenmost mit natürlicher Süße zur geschmacklichen Abrundung von Wein

Liqueur de Tirage

Hefe-Zucker-Mischung, welche die zweite Gärung auf der Flasche auslöst

Tonneau

Holzfass mittlerer Größe. Häufig mit etwa 900l Volumen.

VDP

Verband deutscher Prädikats- und Qualitätsweingüter e.V., heute kurz VDP.Die Prädikatsweingüter, ist ein Zusammenschluss von gut 200 Weingütern mit u.a. verbindlichen und gemeinsamen Qualitätsvorstellungen und einheitlichen Bezeichnungen.

Weingüter nach Orten

Alzey-Weinheim

Weingut Alexander Gysler 57

Bad Dürkheim

Weingut Fitz-Ritter 50
Weingut Pfeffingen 77
Weingut Pflüger 78

Bechtheim

Weingut Dreissigacker 45
Weingut Dr. Koehler 66
Weingut Weinreich 88

Bermersheim

Geils Sekt- und Weingut 53

Biebelsheim

Johanninger KG 60

Birkweiler

Weingut Gies-Düppel 54
Weingut Dr. Wehrheim 87

Bissersheim

Wageck 86

Bodenheim

Weingut Spanier-Gillot **34**

Burg Layen

Schloßgut Diel 44

Deidesheim

Wg. Geh. Rat Dr. von Bassermann-Jordan 33
Weingut Reichsrat von Buhl 41
Krack Sekthaus 66
Sektgut Motzenbäcker 73
Weingut von Winning 90

Dittelsheim Heßloch

Weingut Winter 91

Essenheim

Weingut Braunewell 38

Flemlingen

Weingut Theo Minges 70

Flörsheim-Dalsheim

Sekthaus Raumland 78

Flonheim

Weingut Espenhof 48

Forst

Weingut Lucashof 69
Weingut Georg Mosbacher 72

Freinsheim

Weingut Kassner-Simon 63
Weingut Rings 81

Gönnheim

Weingut Eymann 49

Gundheim

Weingut Gutzler 56

Hainfeld

Weingut Bernhard Koch 65

Herxheim am Berg

Weingut Gabel 52

Ilbesheim

Weingut Jürgen Leiner 68

Kallstadt

Weingut am Nil 75

Laubenheim

Weingut Montigny 72

Laumersheim

Weingut Knipser Johannishof 64

Weingut Philipp Kuhn 68

Maikammer

Weingut Dengler-Seyler 44

Mainz

Flik Sektmanufaktur 51

Mannweiler-Cölln

Weingut Hahnmühle 58

Meddersheim

Wein- und Sektgut Bamberger 32

Monzingen

Weingut Emrich-Schönleber 46

Neustadt Diedesfeld

Wein- & Sektgut Corbet 42

Neustadt Duttweiler

Weingut Bergdolt St. Lamprecht 36

Neustadt Haardt

Weingut Müller-Catoir 75

Neustadt Königsbach

Frank John Hirschhorner Weinkontor 61

Niederhausen

Gut Hermannsberg 59

Niederkirchen

Sekt und Weingut Winterling 92

Nierstein

Weingut Gehring 53

Osthofen

Strauch Sektmanufaktur 84

Pleisweiler-Oberhofen

Weingut Brendel 39

Ruppertsberg

Andres & Mugler 31

Sankt Martin

Wein- und Sekthaus Alois Kiefer 30

Schweigen-Rechtenbach

Weingut Friedrich Becker 35

Weingut Bernhart 37

Weingut Oskar Jülg 62

Siebeldingen

Weingut Ökonomierat Rebholz 80

Wein- und Sektgut Wilhelmshof 89

Siefersheim

Weingut Seyberth 82

Weingut Wagner Stempel 86

Stadecken-Elsheim

Weingut Eppelmann 47

Traisen

Weingut Dr. Crusius 43

Wachenheim

Weingut Dr. Bürklin-Wolf 40

Weingut Odinstal 76

Waldlaubersheim

SM Sektmanufaktur 83

Weinolsheim

Weingut Eckehart Gröhl 55

Wallhausen

Weingut Prinz Salm 82

Windesheim

Weingut Marx 70

Notizen

Notizen

Notizen

FSC
www.fsc.org
MIX
Papier | Fördert
gute Waldnutzung
FSC® C083411

Zeitfracht Medien GmbH
Ferdinand-Jühlke-Straße 7
99095 Erfurt, Deutschland
produktsicherheit@kolibri360.de